KB270975

새천년을 위한 현대인의 신앙 길잡이

방황은 없다 I

방황은 없다 I

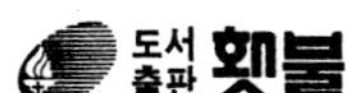

김상복 지음

도서출판 횃불

■ 머리말

방황은 없다

　인간이 하나님의 축복 속에 똑바로 들어가 그분의 은총을 지속적으로 누리며 살 수 있는 방법은 없을까? 많은 사람들이 너무도 많은 시간과 에너지를 낭비하고 온갖 시련을 겪으면서 살아가는 모습을 본다. 그런 광경을 볼 때마다 마음이 아프다. 왜 우리는 이렇게도 어리석은 삶을 살고 있을까? 이스라엘 백성이 광야에서 방황하는 모습을 보면서 '왜 그들은 그렇게도 어리석은 사람들인가?' 라는 생각을 하곤 했다. 그들의 모습을 관찰하다 보니 갑자기 그들의 어리석은 모습이 바로 나 자신의 모습인 것을 깨닫고 스스로 놀라게 되었다. 그들의 이야기가 바로 오늘 우리의 이야기였던 것이다.

　하나님의 약속을 믿고 가데스 바네아에서 바로 가나안 땅을 향해 들어갔더라면 열흘 내외면 들어갔을 그 땅을, 믿음이 없어 40년 동안 방황하며 온갖 고난과 시련을 겪은 후에 자신들은 들어가지도 못하고 후손들만 들어가는 낭비적인 인생을 본다. 오늘도 마찬가지이다. 직설적 삶이 아니고 배회적 삶을 살면서 소모와 낭비, 실패와 눈물을 반복하고 있는 사람들이 오늘도 얼마나 많은가?

이 책은 현대를 사는 신앙인에게 엄청난 교훈을 제시해준다. 또 우리 자신이 쓸데없이 방황하지 않고 짧은 인생을 가장 효과적으로 살 수 있는 길을 보여준다. 그들이 경험한 실패와 성공의 예들을 통해 모두가 이 땅에서와 하나님 나라에서 성공적으로 살 수 있는 복된 길을 제시해 준다. 민수기는 3천5백 년 전의 책이 아니고 오늘 우리의 삶을 위한 책이다. 이 책으로 인하여 모두가 방황함이 없이 성공적인 인생을 살게 되기를 바란다.

1999. 11. 10

낭비없는 삶을 위하여

햇불트리니티신대원대학교 총장
할렐루야교회 담임목사

김상복

■ 차례

1장

민수기 서론

민수기는 이 역사의 기록을 통해 이스
라엘 백성이 가나안 땅에 대한 하나님
의 약속은 받았지만 아직 그 성취를
체험하지 못한 시대에 하나님께서 그
들에게 무엇을 기대하셨는가, 그리고
그들은 어떻게 반응했는가를 나타내
려는 목적을 지니고 있습니다.

민수기 서론

옛 앗시리아 지방에서 약 20만 개의 점토판이 발굴된 적이 있습니다. 이 점토판의 발굴로 인해 고고학상의 새로운 사실들이 많이 알려지게 되었습니다. 이 점토판을 보면, 앞 점토판의 뒷부분과 다음 점토판의 앞부분은 같은 단어로 되어 있습니다. 각 점토판이 서로 흩어져 있어도 언제든지 그 내용을 맞추어 볼 수 있도록 되어 있는 것입니다.

민수기는 레위기의 연속입니다.

맛소라사본은 민수기의 첫머리를 '그리고' 로 기록하고 있습니다. 정확하게는 '그리고 (그가) 말씀하셨다' 라고 되어 있습니다. 이것은, 앞에 있는 글에 계속 이어서 민수기를 쓴다는 것을 나타내는 증거입니다. 모세오경이 하나로 연결된 책이라는 것을 보여 주는 증거가 바로 '그리고' 라는 뜻의 히브리어 단어 '와' (Wa)입니다.

민수기의 이름

한글 개역성경의 '민수기'(民數記)라는 이름은 1장과 26장에 나타난 인구 조사, 지파별 인구, 제사장 및 레위 지파의 총 인원, 그리고 기타 숫자 등과 같은 통계들이 포함되어 있기 때문에 붙은 이름입니다.

'민수기'라는 이름은 헬라어역인 70인역에서 '아리드모이'(Αριθμοι)라고 이름을 붙이면서 처음 사용되었습니다. '아리드모이'는 영어로는 'Numbers'라고 번역할 수 있는데, 이 이름에서 민수기 1장과 26장의 인구조사 장면을 금방 떠올릴 수 있습니다.

로마 카톨릭에서 썼던 라틴어역인 벌게이트역에서는 '숫자의 책'이라는 뜻을 가진 'Liber Numeroi'라는 이름을 붙였습니다. 여기서 영어 이름인 'The Book of Numbers'가 시작되었습니다. 라틴 벌게이트역은 1962년까지 카톨릭에서 전세계적으로 사용했던 성경입니다. 카톨릭에서는 성경이 하나님의 영감으로 쓰여진 책이라는 이유로, 일반인들이 알아듣지도 못하는 벌게이트역을 사용했고, 신학교에서도 한때는 의무적으로 벌게이트역을 가르쳤었습니다. 그러나 루터와 칼빈의 종교개혁 후 기독교에서는 그 민족이 이해할 수 있는 모국어로 된 성경을 보급하였습니다.

민수기의 원래 히브리어 명칭은 '와예답베르'입니다. 이것은 '그리고(그가) 말씀하셨다'는 뜻으로서, 주후 9세기경에 씌어진 성경인 맛소라사본에 나오는 첫 단어입니다. 각 책의 이름은 그 책의 첫 단어를 사용하였습니다. 그래서 원래의 히브리어 이름이 '와예답베르'인 것입니다.

오늘날의 히브리 성경에서는 이 책의 이름을 '베미드바르' 라고 부릅니다. 그 의미는 '광야에서' 라는 것인데, 이 책은 이스라엘 백성이 광야에서 방황하던 내용을 기록한 책이라는 의미입니다.

또 이 책은 '방황의 책' 혹은 '불평의 책' 이라고 불리기도 했습니다.

민수기의 저작 연대

민수기의 저작 연대는 민수기의 마지막 구절인 36장 13절에서 "이는 여리고 맞은편 요단 가 모압 평지에서 여호와께서 모세로 이스라엘 자손에게 명하신 명령과 규례니라"라고 되어 있는 것에서 유추할 수 있습니다. 이 말씀은 광야에서의 여행이 끝났으며 이스라엘 백성들이 가나안 땅에 들어갈 준비를 하고 있었음을 의미합니다.

그런데 요단강을 건넌 사건은 주전 1446년으로 추정되는 출애굽 사건보다 40년 후에 있은 것이므로, 민수기는 주전 1406년 이전에 기록한 것으로 추정할 수 있습니다. 모세가 바로 주전 1406년에 사망했으므로 그 이전에 기록된 것으로 보아야 합니다.

민수기의 저자는 전통적으로 모세라고 이야기합니다. 민수기가 모세오경에서 분리된 책이 아니라 그 일부이므로 민수기의 저자도 창세기, 출애굽기, 레위기와 동일하게 모세로 보는 것이 올바릅니다.

민수기의 요약

민수기는 시내산 계시 이후의 이스라엘 백성에게 주어진 교훈적인 가르침을 주 내용으로 하고 있습니다. 이 가르침은 세 가지 영역을 다루고 있습니다.

첫째는 이스라엘 백성들이 여행 중에 갖추어야 할 질서와 규율이고, 둘째는 앞으로 있을 이동에서 제사장들과 레위인들의 기능이며, 셋째는 이스라엘 백성은 가나안 정복과 정착을 위해 어떠해야 하는가입니다.

민수기는 많은 이야기들을 통해 이스라엘 백성들의 성공과 실패를 아울러 증거하고 있습니다. 이스라엘 백성들은 이 책의 법적 제의적 규정적 요구들을 준수하기도 하고 위반하기도 하는 과정을 반복합니다.

시내산에서 율법이 주어진 후 가나안 정복 직전까지 40년 동안의 이야기가 이 책에 기록되어 있다는 것은 민수기가 역사서의 성격을 띄고 있다는 것을 의미합니다. 민수기는 이 역사의 기록을 통해 이스라엘 백성이 가나안 땅에 대한 하나님의 약속은 받았지만 아직 그 성취를 체험하지 못한 시대에 하나님께서 그들에게 무엇을 기대하셨는가, 그리고 그들은 어떻게 반응했는가를 나타내려는 목적을 지니고 있습니다.

그러면 민수기 전체 내용을 요약해 봅시다.

첫째로 시내산에서 약속의 땅을 향하여 출발 준비를 하는 단계입니다(민 1:1-10:10). 둘째, 백성들의 반역으로 인한 민족의 실패가 나타납니다(민 10:11-14:45). 셋째, 불신앙과 반역의 결과로 광야를 방황하는 모습이 나오고, 마지막으로 약속의 땅인 가나안 정복 준비의 모습으로 끝이 납니다(20:14-36:13).

이 사건들을 시간과 장소로 나누어 구분해보면 이렇습니다.

첫 부분에는 출발 준비 장소인 시내산에서의 모습이 기록되어 있습니다. 모세와 이스라엘 백성들은 시내산에서 두 달간 머물렀습니다. 둘째 사건은 가데스로 향해 가는 광야에서 일어났습니다. 가데스 광야에서는 넉 달 동안 있었습니다. 세 번째 부분은 모압으로 향해 갔지만 주로 호르산을 중심으로 한 광야에서 무려 38년이란 긴 시간을 보낸 모습이 나와 있습니다. 그리고 마지막 부분에서는 마침내 가나안 정복을 앞두고 모압의 느보산에 다다를 이스라엘의 모습이 기록되어 있습니다. 여기서 모세와 이스라엘 백성들은 몇 달간의 시간을 보내었습니다.

주요 단어: 방황

민수기 전체를 관통하는 주요 단어는 '방황' 입니다. 그래서 민수기를 '방황의 책' 이라고 부르기도 합니다.

이스라엘 백성들은 하나님의 약속을 믿지 않았기 때문에 11일이면 들어갈 수 있는 땅을 40년 동안 방황하는 불행한 역사를 가지게 되었습니다. 불순종의 대가는 엄청난 것입니다. 그렇기 때문에 죄를 범하지 않도록 노력해야 하는 것입니다. 그것을 가장 극명하게 보여 주는 것이 바로 민수기입니다.

순종하면 두 주가 못 걸릴 것을 40년이 넘어서 들어갔기 때문에 애굽에서 나온 대부분의 사람들은 약속의 땅에 들어가지도 못하고 광야에서 죽었습니다. 심지어 모세도 그 땅에 발 한 번을 들이지 못하고 한스럽게 죽고 말았습니다.

미국 격언에 "이해하는 것은 기다려서 할 수 있다. 그러나 순종하는 것은 기다릴 수 없다"라는 말이 있습니다.

이것은 민수기의 내용을 아주 잘 설명하고 있는 격언입니다. 이해라고 하는 것은 당장에 되지 않을 수도 있습니다. 그리고 이해는 시간이 좀 지난다 해도 별 상관없습니다. 그러나 하나님의 말씀에 대한 순종은 즉시 이루어지지 않으면 안 됩니다. 그것은 하나님의 말씀이고 명령이기 때문에, 그 때에 이루어지지 않으면 아주 오랜 시간을 덧없이 방황하게 됩니다. 하나님은 우리의 삶을 자유롭고 풍성하게 해 주기 위해서 순종을 요구하시는 것입니다. 그런데 그것을 따르지 않으면 그와 반대되는 결과를 얻게 될 수밖에 없습니다.

주요 성경구절: 민 14:22-23, 20:12

민수기를 요약할 수 있는 성경구절은 14:22-23과 20:12을 들 수 있습니다. 먼저 14:22-23을 보겠습니다.

"나의 영광과 애굽과 광야에서 행한 나의 이적을 보고도 이같이 열 번이나 나를 시험하고 내 목소리를 청종치 아니한 그 사람들은 내가 그 조상에게 맹세한 땅을 결단코 보지 못할 것이요 또 나를 멸시하는 사람은 하나라도 그것을 보지 못하리라."

삶의 축복은 순종에 있습니다. 믿음이라는 단어를 조사해 보면 그 의미에 있어서는 순종과 같다는 것을 발견할 수 있습니다.

참된 믿음은 순종하는 믿음입니다. 믿음과 순종은 서로 다른 것이 아닙니다. 동전의 양면처럼 믿음의 다른 면이 순종입니다. 마치 동전의 양면이 붙어있는 것처럼 말입니다. 야고보서에서 말하는 행위와 믿음이 두 가지가 아니듯이 믿음과 순종도 두 가지가 아닙니다. 하나님의 말씀에 순종을 해 보면 하나님께서 왜 내게 순종을 하라고 했는지 금방 알 수 있게 됩니다.

일단 순종을 하고 나면 그 다음에는 그 순종을 요구하신 하나님에 대해 이해할 수 있게 됩니다. 이것은 교인들의 체험을 통해서도 증명됩니다.

제가 아는 분 중에는 자신에게 손해가 되는 줄 뻔히 알면서도 그대로 신앙을 따라 순종하는 분이 있었습니다. 다른 사람들이 보기에는 전혀 될 것 같지 않은 일인데 그분이 하면 되는 일이 많았습니다. 저는 그분이 간증을 할 수 있는 자리를 많이 만들어 주었습니다. 장사를 하면 여러 가지 편법이 횡행하고 부조리가 있기 마련인데 그 사람은 전혀 그렇게 하지 않고도 다른 사람들보다 더 많은 돈을 벌었습니다.

하나님의 말씀이라고 하면 어떻게든 순종하려고 하는 마음이 신앙인의 기본적인 자세이기 때문에, 순종하는 사람에게 축복이 가기 마련인 것입니다.

우물쭈물하거나 뒤로 처지는 것은 신앙인의 모습이 아닙니다. 11일이면 들어갈 것을 왜 40여 년이 걸렸겠습니까?

20:12을 보겠습니다.

> "여호와께서 모세와 아론에게 이르시되 너희가 나를 믿지 아니하고 이스라엘 자손의 목전에 나의 거룩함을 나타내지 아니한 고로 너희는 이 총회를 내가 그들에게 준 땅으로 인도하여 들이지 못하리라 하시니라."

하나님께서는 모세와 아론에게 "너희는 나를 믿지 않았다"고 말씀하고 계십니다. 그런데 모세와 아론이 하나님을 믿지 않는 사람들입니까? 하나님의 말씀은 아주 충격적인 것입니다. 어떻게 하나님의 말씀을 따라서 이스라엘 백성들을 애굽에서 인도해낸 모세와 아론이 하나님을 믿지 않는다고 할 수 있습니까?

이 말씀을 통해 우리는 하나님께서 믿음과 순종을 동일하게 여기신다는 것을 알 수 있습니다. 하나님의 말씀에 순종하지 않았기 때문에 그들이 하나님을 믿지 않은 것이 된 것입니다. 하나님이 보시기에 믿음과 순종은 같은 것입니다. 아무리 자신이 믿는다고 생각하고 있어도 순종하지 않으면 믿지 않는 것입니다. 입으로 "주여, 주여"를 찾고 예수님의 이름으로 엄청난 일을 행한 사람도 예수님이 "나는 너를 알지 못한다"라고 하신 것과 마찬가지입니다.

하나님이 원하시는 것은 많은 사람들 앞에서 "나는 하나님을 믿는다"라고 나발을 불고 다니는 것이 아닙니다. 입으로는 아무리 하나님을 믿는다고 해도 하나님의 말씀을 순종하지 않는 사람은 하나님을 믿는 사람이라고 할 수 없는 것입니다.

하나님이 보시는 믿음의 기준은 순종하는가 순종하지 않는가에 있습니다. 모세 같은 사람에게 "너는 나를 믿지 않았다"라고 말씀하신다면, 우리들 가운데서 누가 자신있게 "나는 하나님께 믿는 사람이라고 인정받을 수 있다"고 확신할 수 있겠습니까?

이스라엘 백성들이 목이 마르니 물을 달라고 했을 때에 모세는 "우리가 너희를 위하여 이 반석에서 물을 내랴"라고 하면서 백성들에게 화를 내고 바위를 쳤습니다. 하나님께서는 이러한 모세의 행동을 보시고 그에게 믿음이 없다고 책망하셨습니다.

이것은 하나님의 영광을 가로챈 행위였습니다. 그 동안 하나님께서 모든 것을 책임져 주셨는데 마치 그 일을 모세 자신이 한 것처럼 "우리가 너희를 위하여…"라고 말하면서 화를 냈다는 것은 하나님의 영광을 가로챈 것이라고밖에 할 수 없는 일입니다.

어떤 일이 잘 되었을 때에 자기가 잘 해서 되었다고 생각하는 것은 잘못된 생각입니다. 표면적으로 자신이 잘해서 된 것처럼 보이지만 하나님이 은총을 주시지 않으면 아무것도 안 됩니다. 특히 믿는 사람들은 하나님이 내 길에 앞서 가시지 않으면 안 된다는 것을 알아야 합니다. 일이 잘될 때일수록 그 일을 행하시는 이가 하나님이심을 기억하고 그분께 감사드려야 합니다.

성취된 일을 자기가 한 줄로 생각하는 사람은 하나님의 영광을 가로채는 것이고, 이는 궁극적으로는 하나님을 믿지 않는 태도입니다. 하나님께서는 그런 행동을 하나님을 믿지 않는 행동으로 여기십니다.

하나님의 지시대로 순종하지 않은 것은 믿지 않는 행동입니다.

모세가 물을 얻기 위해서 바위를 지팡이로 친 것은 분노의 표현이었습니다. 그런데 바위를 쳐서 물을 내는 것을 본 사람들은 모세를 칭찬했습니다. 그들의 눈에는 모세의 뒤에서 역사하시는 하나님이 보이지 않았던 것입니다.

설교를 하다보면 때로는 제가 하는 설교가 성도들의 마음에 들어가지 않고 있다는 것을 느낄 때가 있습니다. 그럴 때는 나 자신도 모르게 목소리가 커지거나 높아지기도 합니다. 목소리를 높인다고 될 일이 아닌데 공연히 지레 목소리를 높여서라도 사람들의 마음에 인위적인 감동을 일으키려고 할 때가 있습니다. 제 자신이 그것을 잘 알고 있기 때문에 모세의 심정을 이해할 수 있습니다.

영적인 지도자는 사람들이 하나님을 만날 수 있도록 돕는 데에 자기의 사명이 있다는 것을 알아야 합니다. 자만심 때문에 하나님의 영광을 가리는 것은 지도자로서 가장 경계해야 할 일입니다. 특히 하는 일이 모두 잘되는 지도자일수록 하나님의 영광을 도적질하는 죄에 빠지지 않도록 조심해야 할 것입니다.

모세가 말년에 비스가 산꼭대기에서 가나안 땅에 한 번만이라도 들어갔다가 나오게 해달라고 간청을 했는데도 하나님은 허락하지 않으셨습니다. 하나님께서는 더 이상 이야기를 하지 말라고 엄중하게 못을 박아 놓으셨습니다.

모세는 인간적으로 억울했을 것입니다. 그러나 모세가 하나님의 말씀에 순종했더라면 하나님께서 "너는 나를 믿었다"고 하시고 그토록 고생하면서 기다렸던 가나안 땅에 발을 들일 수 있도록 해 주셨을 것입니다.

그래서 믿음은 순종이고, 순종이 믿음이라는 이 주제는 계속해서 민수기를 관통하면서 반복해 나타납니다.

주요 장: 14장

36장이나 되는 민수기 전체에서 가장 중요한 장은 14장입니다. 가데스 광야의 사건을 기록한 것입니다. 이스라엘 민족이 40년의 방황을 시작하는 전환점을 이루는 것이 바로 14장입니다. 백성들이 가나안 땅 정복을 거절하여 방황을 시작하고 가나안을 정탐한 날 수를 따라서 하루를 일 년으로 계산해서 광야에서 방황하게 되는 사건입니다(민 14:34).

민수기에 나타난 그리스도의 모형

민수기에 나타난 예수님의 모형은 여러 가지가 있습니다.

첫째는 **만나**입니다. 요한복음 6:31-33에서 예수님께서는, 선조들이 하늘에서 내려온 만나를 먹었는데 그 떡이 상징하는 것이 바로 예수님이라고 하셨습니다. 예수님께서 하늘에서 내려온 생명의 떡이라는 말씀입니다. 만나는 모형이고 예수님은 그 모형의 실체인 것입니다.

구약의 모든 사물을 다 모형으로 설명하려는 경향을 가진 사람들도 있습니다. 그러나 이것은 위험한 사고입니다.

종교 개혁 전에 솔로몬의 애가를 모형적으로 설명한 것을 읽어보면, 솔로몬이 술람미 여자를 만나서 결혼 생활한 부분을 영적인 상징이 있는 것처럼 해석을 했습니다. 예를 들면, 여인의 두 유방을 신약과 구약이라고 해석했습니다. 부부 사이의 적나라한 사랑의 장면이 성경에 삽입되는 것이 은혜가 되지 않는다고 모든 것을 영적으로 해석한 것입니다.

그러나 이것은 부부 관계에 대한 편견 때문에 생긴 것입니다. 최근까지도 솔로몬의 애가는 성경에 넣어서는 안 된다는 사람들이 있습니다.

모형론에 대한 올바른 기준은 이렇습니다. 첫째, 구약과 신약의 내용 가운데에서 유사점이 있어야 합니다. 그리고 둘째, 예언성이 있어야 합니다.

예를 들면, 모세의 놋뱀 사건은 신약에 나타날 예수님을 예언하는 것입니다. **놋뱀**은 십자가에 달리신 예수님을 상징하는 것으로서 신약에 나타날 사건을 미리 예표한 것입니다. 이렇게 두 사건 사이의 유비가 확실하게 드러날 때에 모형이라는 말을 쓸 수 있습니다.

셋째, 신약에서 직접 모형이라고 밝혀 주는 경우입니다. 고린도전서 10:4에서 말씀하고 있는 민수기 20:11의 **반석** 같은 경우가 그것입니다. 또 민수기 35:9-34을 보면 **도피성**이 나옵니다. 이 여섯 도피성도 피난처가 되시는 예수님을 의미한다고 할 수 있습니다.

기억해야 할 주요 내용

그러면 민수기의 내용을 본격적으로 살펴보기에 앞서 민수기에서 기억해야 할 주요사건을 지적해 보십시다.

먼저, 민수기의 이름이 비롯된 인구조사에 관한 것이 민수기 1장과 26장에 걸쳐 두 번 나타납니다. 그리고 가나안땅을 정탐한 12명의 정탐자 이야기가 12-14장에 나타납니다. 고라의 반역과 불순종으로 인한 참담한 결과가 16장에 나오고, 모세가 지팡이로 바위를 치는 사건이 20장에 나옵니다. 그리고 놋뱀을 쳐다보고 불뱀에 물린 자들이 나음을 입는 사건이 21장, 발람과 발락사건이 22-24장까지 나옵니다. 마지막으로 여호수아가 모세의 후계자로 세워지는 사건이 27장에 나옵니다

너의 복을 세어 보라

이스라엘 자손이 애굽 땅에서 나온
후 제 이 년 이 월 일 일에 여호와께
서 시내 광야 회막에서 모세에게 일
러 가라사대 너희는 이스라엘 자손
의 모든 회중 각 남자의 수를 그들의
가족과 종족을 따라 그 명수대로 계
수할지니 이스라엘 중 이십 세 이상
으로 싸움에 나갈 만한 모든 자를 너
와 아론은 그 군대대로 계수하되 매
지파의 각기 종족의 두령 한 사람씩
너희와 함께 하라

너의 복을 세어 보라

민수기에는 이스라엘의 인구를 조사한 내용이 기록되어 있습니다. 민수기에는 1장과 26장에 두 번의 인구조사가 나옵니다.

인구조사

인구가 많다는 것은 하나님의 축복입니다. 하나님이 아브라함에게 네 자손이 바다의 모래같이, 하늘의 별과 같이 많으리라고 축복하실 때 정작 아브라함에게는 단 한 명의 자식도 없었습니다. 아브라함의 손자 야곱이 모든 자손들을 이끌고 기근을 피해 요셉이 있는 애굽으로 내려갔을 때도 그 숫자는 수십 명에 불과했습니다. 그런데 430년 후 모세가 이스라엘 자손들을 이끌고 출애굽을 할 때 그 숫자는 바다의 모래 같고 하늘의 별과 같이 많아졌습니다.

하나님은 아브라함에게 하신 그 언약을 지키셨습니다. 하나님이 이스라엘 백성을 축복하신 것입니다.

하나님은 모세와 이스라엘 백성이 하나님께서 아브라함에게 하신 언약을 기억하기를 원하셨습니다. 하나님의 언약이 어떻게 이루어졌는가 이스라엘 백성들 스스로 확인해보기를 원하셨습니다. 그래서 하나님은 모세에게 명하십니다.

> "이스라엘 자손이 애굽 땅에서 나온 후 제이년 이월 일일에 여호와께서 시내 광야 회막에서 모세에게 일러 가라사대 너희는 이스라엘 자손의 모든 회중 각 남자의 수를 그들의 가족과 종족을 따라 그 명수대로 계수할지니"(민 1:1-2)

인구조사의 가장 큰 목적은 군대 징집 대상자를 파악하는 데에 있었습니다. 그래서 이스라엘은 레위 사람들을 제외한 20세 이상의 남자를 대상으로 인구조사를 실시했습니다.

> "이스라엘 중 이십 세 이상으로 싸움에 나갈 만한 모든 자를 너와 아론은 그 군대대로 계수하되 매 지파의 각기 종족의 두령 한 사람씩 너희와 함께 하라"(민 1:3-4)

또한 인구조사는 광야를 가로지르는 민족 대이동에 있어서 효율적인 통제와 430년에 걸친 애굽에서의 종살이로 많이 퇴색되어진 선민으로서의 민족적 동일성 회복을 염두에 둔 것이기도 했습니다.

첫 번째 인구조사는 시내산에서 출애굽을 한 1세대를 대상으로 했습니다. 그 결과 레위 지파를 제외한 20세 이상의 남자는 모두 603,550명이었습니다(민 1:46).

두 번째 인구조사는 느보산에서 가나안을 정복하기 위한 준비로 출애굽 2세대를 대상으로 하였는데 그 수는 601,730명이었습니다(민 26:51).

모세가 1차 인구조사를 했을 때 각 지파별 인구의 수는 다음과 같았습니다: 르우벤 지파 46,500명(21절), 시므온 지파 59,300명(23절), 갓 지파 45,650명(25절), 유다 지파 74,600명(27절), 잇사갈 지파 54,400명(29절), 스불론 지파 57,400명(31절), 에브라임 지파 40,500명(33절), 므낫세 지파 32,200명(35절), 베냐민 지파 35,400명(37절), 단 지파 62,700명(39절), 아셀 지파 41,500명(41절), 납달리 지파 53,400명(43절).

603,550명이라는 숫자는 20세 이상의 남자들만을 대상으로 한 것이었습니다. 그렇기 때문에 실제 인구는 최소한 200만 명이 훨씬 넘을 것으로 추측할 수 있습니다.

이들이 바로 출애굽을 한 1세대였습니다.

이스라엘 부족 가운데에 인구가 제일 많은 부족은 유다 지파였습니다.

"유다의 아들들에게서 난 자를 그들의 가족과 종족을 따라 이십 세 이상으로 싸움에 나갈 만한 자를 그 명수대로 다 계수하니 유다 지파의 계수함을 입은 자가 칠만 사천육백 명이었더라"(민 1:26-27)

유다 지파가 이스라엘 지파 중에서 가장 많은 인구를 가졌다는 것은 앞으로 하나님의 사업에 유다 지파를 쓰시려고 하는 하나님의 계획이 들어있다는 것을 암시하는 것입니다. 그래서 광야를 가로지르는 행진을 시작할 때에도 언제나 유다 지파를 맨 앞에 세우고 출발했습니다.

또, 왕과 메시아가 유다 지파에서 나왔으며 그것은 창세기(49장) 때부터 예정되어 있었던 사건이었습니다.

요셉이 애굽의 총리가 되어 형제들을 볼모로 잡고 베냐민을 데리고 오라 했을 때, 가장인 야곱은 베냐민을 애굽으로 보낼 수 없다고 고집을 피웠습니다. 그 순간에 약해진 아버지를 대신해서 리더십을 발휘한 사람이 바로 유다였습니다. 유다는 자신의 목숨을 걸고 베냐민을 다시 아버지 앞에 데리고 올 것을 다짐하고 베냐민을 애굽으로 데리고 갔습니다. 여기서 리더가 되는 사람의 차이가 나타나기 시작한 것입니다. 용기와 책임감이 있었습니다.

이것을 인정한 야곱은 자신이 죽기 전에 자식들을 다 모아 놓고 유언을 했습니다.

"유다야 너는 네 형제의 찬송이 될지라 네 손이 네 원수의 목을 잡을 것이요 네 아비의 아들들이 네 앞에 절하리로다 유다는 사자 새끼로다 내 아들아 너는 움킨 것을 찢고 올라갔도다 그의 엎드리고 웅크림이 수사자 같고 암사자 같으니 누가 그를 범할 수 있으랴 홀이 유다를 떠나지 아니하며 치리자의 지팡이가 그 발 사이에서 떠나지 아니하시기를 실로가 오시기까지 미치리니 그에게 모든 백성이 복종하리로다"(창 49:8-10)

야곱은 예언하기를, 왕의 홀이 유다에게서 떠나지 않을 것인데 실로가 오실 때까지 그럴 것이라고 했습니다. 실로는 원래 지명(地名)입니다. 그런데 야곱은 이 실로를 인격화해서 예언했습니다. 실로는 히브리어 '샬롬'(평화)과 어원이 같습니다. 다시 말해 유다는 평화의 왕 메시아가 오실 때까지 왕의 홀이 떠나지 않을 것이라는 것입니다.

그 이후로 유다를 조상으로 둔 자손들은 자신이 왕족이라는 자부심을 갖고 살게 되었습니다. 결국 유다 지파에서 다윗 왕이 나게 되었고 유다 지파는 왕족의 계보를 이으면서 메시아가 탄생하는 지파가 되었던 것입니다.

두 번째로 숫자가 많은 지파는 단 지파였습니다.

> **"단의 아들들에게서 난 자를 그들의 가족과 종족을 따라 이십 세 이상으로 싸움에 나갈 만한 자를 그 명수대로 다 계수하니 단 지파의 계수함을 입은 자가 육만 이천칠백 명이었더라"(민 1:38-39)**

숫자가 많다고 해서 반드시 하나님의 축복을 받았거나 성공하는 것은 아닙니다. 단 지파는 가나안에 들어가서도 가장 좋은 땅인 중부 지방을 차지했습니다. 하지만 단 지파는 그 지역을 다 정복하지 못하고 적들에게 쫓겨서 산 위로 올라가야 했습니다. 받은 떡도 제대로 먹지 못한 지파가 된 것입니다.

나중에 그들은 갈릴리 바다 북쪽으로 가서 단이라고 하는 도시를 하나 만들었습니다. 쫓겨가는 과정에서도 레위 제사장과 우상을 훔쳐가기도 하고, 도시를 만든 후에는 가장 먼저 우상숭배를 시작했습니다. 결국 요한계시록에 가면 단 지파 이름은 이스라엘 지파의 명단에 나타나지도 않습니다. 이스라엘 민족 중에서 완전히 잊혀진 지파가 된 것입니다. 시작이 아무리 좋았어도 그것을 지켜내지 못했기 때문에 이런 결과가 나온 것입니다. 유다 지파와는 아주 대조적인 지파라고 할 수 있습니다.

수가 가장 적은 지파는 베냐민 지파와 므낫세 지파였습니다. 유다 지파는 이 두 지파를 합한 것과 거의 같은 숫자였습니다. 여기서 우리가 주목해야 할 것은 므낫세 지파와 에브라임 지파, 그리고 레위 지파입니다.

므낫세와 에브라임은 요셉의 두 아들입니다. 원래는 야곱의 열두 아들들이 각각 한 지파씩을 이루어야 합니다. 그런데 민수기에 보면 요셉이 아니라 요셉의 아들인 므낫세와 에브라임이 각각 한 지파를 이루어 두 몫을 받았습니다.

> "요셉의 아들 에브라임의 아들들에게서 난 자를 그들의 가족과 종족을 따라 이십 세 이상으로 싸움에 나갈 만한 자를 그 명수대로 다 계수하니 에브라임 지파의 계수함을 입은 자가 사만 오백 명이었더라 므낫세의 아들들에게서 난 자를 그들의 가족과 종족을 따라 이십 세 이상으로 싸움에 나갈 만한 자를 그 명수대로 다 계수하니 므낫세 지파의 계수함을 입은 자가 삼만 이천이백 명이었더라"(민 1:32-35)

여호수아서에서도 가나안 땅을 정복하면서 각 지파가 땅을 기업으로 받을 때 므낫세와 에브라임은 각각 한 지파씩의 기업을 받은 것을 볼 수 있습니다.

야곱의 아들이 열둘인데 요셉의 두 아들이 지파를 이루어 기업을 받았다면 이것은 어느 한 지파가 기업을 받지 못했다는 뜻이 됩니다. 기업을 받지 못한 지파는 레위 지파였습니다. 레위 지파는 기업을 받지 못할 뿐만 아니라 인구조사에도 포함되지 않았습니다.

"오직 레위인은 그 조상의 지파대로 그 계수에 들지 아니하였으니 이는 여호와께서 모세에게 일러 가라사대 레위 지파만은 너는 계수치 말며 그들을 이스라엘 자손 계수 중에 넣지 말고"(민 1:47-49)

레위 지파가 기업을 받지 못하고 모세의 인구조사에서 계수를 받지 않은 이유는 하나님께 속한 지파이기 때문입니다.

출애굽 당시 하나님께서는 바로 왕이 이스라엘 백성을 놓아주지 않자 애굽의 장자들을 죽이셨으나 유월절날 양의 피를 문설주에 바른 이스라엘 백성들의 장자들은 죽이지 않았습니다. 이때 이스라엘의 장자를 대신하여 하나님께 드려진 사람들이 레위 지파입니다. 모든 이스라엘 백성이 하나님의 백성이지만 그 중에서 구별하여 레위 지파를 하나님의 사역자로 삼으셨습니다.

레위 지파에 관한 이야기는 민수기 1장의 마지막인 47-53절에 걸쳐서 나옵니다. 레위인들은 하나님의 성전을 담당하는 사역자들로 선택되었습니다.

"그들로 증거막과 그 모든 기구와 그 모든 부속품을 관리하게 하라 그들은 그 장막과 그 모든 기구를 운반하며 거기서 봉사하며 장막 사면에 진을 칠지며 장막을 운반할 때에는 레위인이 그것을 걷고 장막을 세울 때에는 레위인이 그것을 세울 것이요 외인이 가까이 오면 죽일지며 이스라엘 자손은 막을 치되 그 군대대로 각각 그 진과 기 곁에 칠 것이나 레위인은 증거막 사면에 진을 쳐서 이스라엘 자손의 회중에게 진노가 임하지 않게 할 것이라 레위인은 증거막에 대한 책임을 지킬지니라 하셨음이라"(민 1:50-53)

레위인들이 병역의 의무에서 면제된 이유는 무엇일까요? 그것은 이스라엘 백성들이 모세가 시내산에 십계명을 받으러 올라간 사이 금송아지를 숭배하던 사건 당시 세운 공로 때문이었습니다. 레위인들은 모세를 도와 금송아지를 숭배한 자들을 처단하는 일에 앞장섰습니다.

그래서 레위인들은 성막에 관계된 일 이외의 다른 일은 하지 않게 된 것입니다. 여기서 우리는 하나님의 일은 하나님이 불러 소명을 주신 사람들이 해야 한다는 사실을 알게 됩니다.

54절의 마지막에 보면 모세가 하나님의 일이라고 하면 철저하게 순종하게 하려고 하는 태도가 있었음을 볼 수 있습니다. 그래서 1장의 마지막은 아주 은혜롭게 끝을 맺고 있습니다.

"이스라엘 자손이 그대로 행하되 여호와께서 모세에게 명하신 대로 행하였더라"(민 1:54)

"이스라엘 자손이 여호와께서 모세에게 명하신 대로 행하였다"는 말이 출애굽기에 여러 차례 반복해서 나오고 있습니다. 이때까지는 모세와 이스라엘 백성들이 하나님의 말씀에 순종하는 모습을 보여 줍니다. 순종에는 축복이 있습니다.

"여호와께서 명하신 대로 행하였다"는 말은 그 다음의 일이 아주 잘되었다는 것을 표현하는 것입니다. 하나님은 순종하는 하나님의 백성을 반드시 축복하십니다.

민수기 1장은 하나님께 순종하는 자가 받는 축복을 다시 한번 상기시켜 주고 있습니다.

이스라엘의 진영 조직

민수기 2장에는 이스라엘 백성들의 진영 및 조직에 대한 이야기가 기록되어 있습니다. 이스라엘의 인구를 조사한 뒤 하나님은 이스라엘 백성이 회막을 중심해서 사방으로 나누어 진을 치도록 명하셨습니다.

> "여호와께서 모세와 아론에게 일러 가라사대 이스라엘 자손은 각각 그 기와 그 종족의 기호 곁에 진을 치되 회막을 사면으로 대하여 치라"(민 2:1-2)

이렇게 진영을 조직한 데는 두 가지의 의미가 있습니다.

첫째, 보호의 의미입니다.

회막은 하나님이 임재하시는 곳입니다. 하나님이 임재하시는 곳에는 하나님의 보호가 있습니다. 이스라엘이 출애굽할 때 하나님은 밤에는 불기둥, 낮에는 구름기둥으로 이스라엘을 인도하셨습니다. 그런데 이제 하나님은 이스라엘 백성들로 하여금 하나님의 회막을 짓게 한 후 그 회막 가운데 임재하시는 것입니다.

하나님의 임재가 있는 곳에는 하나님의 보호하심이 있습니다. 하나님의 성령이 임재하시는 성전인 우리 각 사람과, 하나님의 백성이 하나님의 이름으로 모인 교회 공동체에는 하나님의 특별한 보호하심이 있습니다.

둘째, 효율성의 의미입니다.

20세 이상의 남자만 세어도 60만이 넘는, 그래서 모두 200만이 넘었을 것으로 추측되는 대인구가 광야를 여행하는 것은 이만저만한 일이 아니었습니다. 부녀자들과 아이들, 노인들 그리고 가축들까지, 수많은 인구가 한꺼번에 움직이기 위해서는 효율적인 조직이 필요했던 것입니다. 광야를 지나가고 역할을 분담하기 위해서는 각 지파별로 진영을 구분하는 것이 효율적이었습니다. 하나님은 질서의 하나님이십니다(고전 14:40).

이스라엘 백성들은 출애굽할 때 하나님의 구름기둥과 불기둥이 움직일 경우에만 움직였습니다. 그리고 구름기둥과 불기둥이 정지할 때 이스라엘 백성들도 같이 그 자리에 정지했습니다. 이스라엘 백성들이 정지를 하고 있을 때에 그 배열은 민수기 2장에 나타나 있는 것처럼 되어 있어야 했습니다.

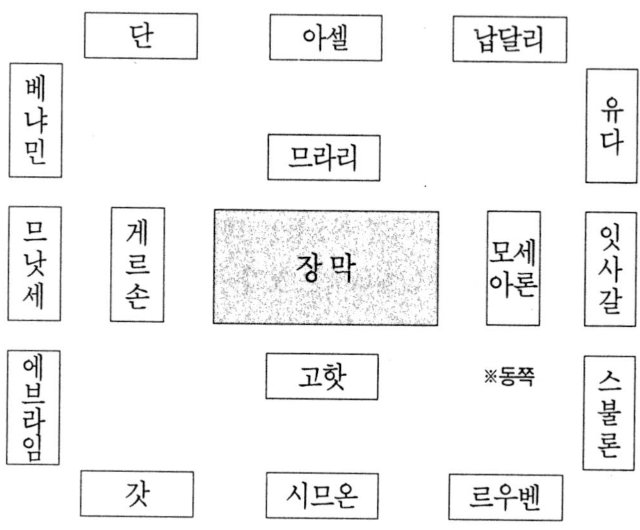

장막을 가운데에 두고 북쪽에는 레위의 아들 므라리 사람들이 있고 서쪽에는 게르손 족속들, 동쪽에는 모세와 아론이, 그리고 남쪽에는 고핫 자손들이 있었습니다. 그리고 그 바깥쪽으로 동편에 유다, 잇사갈, 스불론 지파가 진을 쳤고, 르우벤, 시므온, 갓 지파가 남쪽에 진을 쳤습니다. 서쪽에는 에브라임, 므낫세, 베냐민 지파가 진을 쳤고, 북쪽에는 단, 아셀, 납달리 지파가 순서대로 진을 쳤습니다.

이스라엘 민족은 장막을 중심으로 레위인들과 12지파가 이중으로 장막을 둘러쌌습니다. 여기서도 유다가 첫 번째였습니다. 이스라엘 백성은 동쪽으로 이동을 하였습니다. 그러므로 당연히 동쪽에 진을 친 유다 지파가 자연스럽게 선두에 서서 행진을 인도하게 된 것입니다.

혈통상으로는 장자 르우벤이 첫 번째가 되어야 합니다. 그러나 장자 르우벤은 서모인 빌하와 통간을 함으로 해서 장자권을 상실하였습니다. 대신 영적 장자의 특권을 부여받은 유다 지파가 선두 위치에 섰습니다. 이것은 유다 지파가 다른 지파들의 머리가 되리라는 야곱의 예언의 성취인 동시에, 앞으로 오실 그리스도의 자리를 예표합니다(창 49:8-10).

2:1-2에 나타난 지파별 진영 배치에서 진 중앙에 성막이 위치하고 있다는 사실은, 이스라엘 백성 가운데 하나님이 항상 임재하고 계신다는 상징적인 의미를 갖습니다. 결국 이 성막 중심의 지파 배치는 이스라엘 백성들의 열정적인 여호와 신앙을 나타내 주며, 오늘날 우리 삶의 중심에도 임마누엘이신 예수 그리스도께서 계셔야 한다는 것을 보여 줍니다. 다시 말해 하나님 중심적 삶을 말해주는 것입니다.

성막은 행군이나 정지할 때나 구분없이 항상 중앙에 놓여짐으로써 어떠한 상황에서도 변하지 말아야 할 이스라엘의 여호와 신앙을 확고하게 확인시켜 줍니다.

이렇게 진을 이룬 이스라엘 백성들은 구름기둥 불기둥이 움직이면 기둥을 따라서 가다가 기둥이 서면 어디든지 장막을 세우고 정해진 대로 진지를 배열해서 머물렀습니다. 그러다 다시 구름기둥이나 불기둥이 움직이면 장막을 접어서 순서대로 행진을 하였습니다. 그리고 각 족속마다 하는 일들이 분업화되어 있었습니다.

구름기둥 불기둥이 움직이기 시작하면 제사장들은 재빨리 성막의 기물들을 싸서 이동할 준비를 해야 합니다. 그렇게 성전 기물을 쌀 때는 레위인들이 성막 안으로 들어갈 수 없었습니다. 제사장들이 성전의 기물을 다 싼 다음에야 레위 족속들이 성막을 분해해서 이동할 수 있도록 정리를 했습니다. 그리고 다시 짐들을 풀 때에는 쌌던 사람들이 그 순서대로 풀어서 다시 성막을 세우고 성전의 기물들을 정리해 놓았습니다.

정지해 있을 때와 행군할 때의 지파별 위치는 달라졌습니다. 정지해 있을 때는 성막을 중심으로 각 지파가 사방으로 나뉘어 진을 쳤지만 행군할 때는 각 지파별로 앞뒤로 나뉘어 행군했습니다.

먼저 유다와 잇사갈, 스불론 지파가 행군의 선두에 섰고, 그 뒤에 르우벤, 시므온, 갓 지파의 순서였습니다. 그리고 행군의 한가운데에 성막이 있었고 이 성막은 레위인들이 메고 갔습니다. 그리고 성막 바로 뒤에는 에브라임, 므낫세, 베냐민 지파가 뒤따랐고 단, 아셀, 납달리 지파가 행군의 맨 마지막을 지켰습니다.

이렇게 이스라엘 백성들이 진을 칠 때나 이동을 할 때에 그 가운데는 항상 성막이 있었습니다. 오늘날에도 마찬가지입니다. 가만히 있을 때에나 발걸음을 옮길 때에 항상 우리의 중심에 하나님이 계셔야 합니다. 하나님을 언제나 모시고 가기도 하고 서기도 해야 합니다.

이스라엘 백성들의 행로에는 기한이 없었습니다. 오직 하나님이 지시하시는 대로 가는 것이기 때문에 얼마만큼 가다가 쉬는 것인지 예측할 수 없었습니다. 하나님이 계획하신 대로 움직였기 때문입니다. 따라서 하나님의 구름기둥과 불기둥이 언제 서고 언제 가는지를 늘 주의해서 봐야 했습니다. 그러니 무척 힘이 든 여행일 수밖에 없었을 것입니다. 하나님이 요구하는 것은 순종이었습니다. 언제 어디서든지 기다리라고 하면 기다리고, 가라고 하면 가야 하는 것입니다.

"이스라엘 자손이 여호와께서 모세에게 명하신 대로 다 준행하여 각기 가족과 종족을 따르며 그 기를 따라 진 치기도 하며 진행하기도 하였더라"(민 2:34)

이것이 지금 우리들의 신앙생활이어야 합니다.

누구나 다 자기 나름대로의 생각을 가지고 있습니다. 그래서 똑똑하고 자기 주장이 분명한 사람일수록 하나님께 순종하는 것이 힘이 듭니다. 오히려 자기 자신을 조금 모자라다고 여기는 사람들이 하나님께 철저하게 순종하는 모습을 보입니다. 전혀 앞을 예측할 수 없는 상황에서 자기 자신의 판단을 믿고 사는 사람들은 하나님 앞에 순종하기 어렵습니다. 무엇이든 자신의 상황에서 생각하기 때문에 하나님께서 끼여들 여지가 없습니다. 결과적으로 그 사람의 일이 하나님 앞에서 성공적일 수 없습니다.

성경의 인물들의 모습을 살펴보거나, 인생을 성공적으로 산 사람들의 실제 체험담을 들어보면 자신의 모든 것을 여호와께 맡긴 사람들만이 모든 것을 이루고 그 의를 정오의 빛같이 이루게 되는 것을 우리는 확인할 수 있습니다. 어떤 때는 내 생각과 정반대가 되는 방향으로 이끄실지라도 하나님의 계획을 따라가는 사람만이 궁극적인 의를 이룰 수 있습니다. 생각한 대로 일이 잘 안 되어도 나를 이끄신 하나님께서 잘 인도해 주실 것이라는 확신을 가지고 살면 하나님께서 그 믿음대로 이루어 주십니다.

위의 말씀을 보면 이스라엘 자손들이 아직까지는 하나님의 말씀을 따라 순종하면서 사는 것을 알 수 있습니다. 민수기 14장에 이르기까지는 이런 순종의 모습이 잘 나타납니다. 그러나 그 이후에는 초기의 순종하는 정신을 잃고 맙니다. 그래서 나중에 2차 인구 조사 때는 인구까지도 줄어든 것을 알 수 있습니다. 많은 사람들이 죽었기 때문입니다. 불순종은 자손의 축복을 끊어지게 합니다.

이사야 58:11을 보면 하나님은 순종하는 자의 앞길을 끝까지 책임져 주신다고 약속하십니다.

"나 여호와가 너를 항상 인도하여 마른 곳에서도 네 영혼을 만족케 하며 네 뼈를 견고케 하리니 너는 물 댄 동산 같겠고 물이 끊어지지 아니하는 샘 같을 것이라."

그러나 그럼에도 불구하고 이스라엘 백성들은 광야의 여정 처음에만 굳세게 순종했을 뿐 그 후로는 차츰 원망과 의심을 반복하게 되고 이에 따라 하나님의 진노하심을 입게 됩니다.

우리의 신앙은 시작보다 끝이 좋아야 합니다. 첫사랑을 잃어버리지 않아야 합니다. 그러나 조금만 주위를 돌아보면 우리 주변에는 하나님에 대한 첫사랑을 잃어버린 사람들이 너무나 많습니다. 하나님을 처음 만났을 때의 그 사랑과 그 감격과 그 열정을 잃어버린 사람들이 너무나 많습니다.

어쩌면 우리 자신이 그런 사람일 수도 있습니다. 기도가 식고 말씀에 대한 열정이 식고 영혼에 대한 사랑이 식었을 때 우리는 첫사랑을 잃어버린 것입니다.

하나님은 우리에 대한 사랑을 버리지 않으십니다. 우리가 하나님에 대한 사랑을 버린 것입니다. 많은 사람들에게는 첫사랑의 아픔이 있습니다. 많은 사람들에게는 어느 날 갑자기 절교를 선언하고 첫사랑이 떠나버린 아픈 기억이 있습니다. 그러나 하나님은 우리에게 절교를 선언하고 떠나버리는 분이 아닙니다. 하나님에 대한 첫사랑이 식었다면 그것은 우리가 하나님에 대한 사랑을 버린 것입니다. 그러나 우리가 조금씩 하나님에 대한 사랑이 식어 하나님에 대한 사랑의 손을 놓았어도 하나님은 지금도 여전히 우리의 손을 잡고 계십니다.

첫사랑을 회복하십시오. 기도를 회복하십시오. 말씀을 회복하십시오. 전도를 회복하십시오. '하나님의 일'을 바라보지 마시고 '하나님'을 바라보십시오. 그리하면 첫사랑이 회복될 것입니다.

순종이 최선의 길이다

여호와께서 또 모세에게 일러 가라사대 레위 지파로 나아와
제사장 아론 앞에 서서 그에게 시종하게 하라 그들이 회막 앞
에서 아론의 직무와 온 회중의 직무를 위하여 회막에서 시무
하되 곧 회막의 모든 기구를 수직하며 이스라엘 자손의 직무
를 위하여 장막에서 시무할지니 너는 레위인을 아론과 그 아
들들에게 주라 그들은 이스라엘 자손 중에서 아론에게 온전

히 돌리운 자니라 너는 아론과 그 아들들을 세워 제사장 직분
을 행하게 하라 외인이 가까이하면 죽임을 당할 것이니라 여
호와께서 모세에게 일러 가라사대 보라 내가 이스라엘 자손
중에서 레위인을 택하여 이스라엘 자손 중 모든 첫 태에 처음
난 자를 대신케 하였은즉 레위인은 내 것이라 처음 난 자는
다 내 것임은 내가 애굽 땅에서 그 처음 난 자를 다 죽이던 날
에 이스라엘의 처음 난 자는 사람이나 짐승을 다 거룩히 구별
하였음이니 그들은 내 것이 될 것임이니라 나는 여호와니라

순종이 최선의 길이다

민수기 3장에는 제사장과 레위인들의 인구조사에 대한 이야기가 기록되어 있습니다. 먼저 1-4절을 보면 아론의 자손에 관한 설명이 있습니다.

아론의 아들들과 제사장 사역

아론에게는 나답과 아비후와 엘르아살과 이다말이라는 네 아들이 있었습니다. 이들은 기름부음을 받은 제사장이었습니다.

기름부음을 받았다는 것은 하나님 앞에 거룩하게 구별된 존재라는 의미입니다. 기름부음을 받았다는 말은 히브리어로 '마쉬아흐'입니다. 이 말에서 '기름부음 받은 자'라는 의미의 '메시아'가 나왔습니다. 그러므로 기름부음 받은 제사장은 메시아 예수를 상징하는 모델입니다. 구약 시대에는 제사장, 왕, 선지자만 하나님 앞에 기름부음을 받았습니다.

그런데 기름부음을 받은 제사장인 나답과 아비후가 시내 광야에서 다른 불로 제사를 드리다가 죽는 장면이 민수기 3장의 첫머리에 나오고 있습니다.

> "여호와께서 시내 산에서 모세와 말씀하실 때에 아론과 모세의 낳은 자가 이러하니라 아론의 아들들의 이름은 장자는 나답이요 다음은 아비후와 엘르아살과 이다말이니 이는 아론의 아들들의 이름이며 그들은 기름을 발리우고 거룩히 구별되어 제사장 직분을 위임받은 제사장들이라 나답과 아비후는 시내 광야에서 다른 불을 여호와 앞에 드리다가 여호와 앞에서 죽었고 무자하였고 엘르아살과 이다말이 그 아비 아론 앞에서 제사장의 직분을 행하였더라"(민 3:1-4)

영어 성경에서는 본문의 '다른 불'을 '이상한 불'(strange fire)로 번역하고 있습니다. '다른 불'은 하나님이 내려주신 불이 아니라는 말입니다.

하나님께 번제를 드릴 때에는 반드시 하나님께서 내려주신 불로 짐승을 태우게 되어 있었습니다. 그것이 하늘에서 내려온 불입니다. 그 불은 항상 제단에서 타고 있었습니다. 제사장들은 그 불을 붙여서 제물을 태우는 데 써야 했습니다. 성전의 촛대를 밝히는 불도 마찬가지로 그 불에서 당긴 불로 켜야 했습니다. 그런데 나답과 아비후는 사람의 손으로 만든 불을 들고 들어왔다가 그 자리에서 즉사하고 말았습니다.

제사와 예배는 하나님의 방법으로 드리는 것이지 인간의 방법으로 드리는 것이 아닙니다. 하나님께 드리는 예배는 하나님이 기뻐하시는 것으로 드려야지 사람이 기뻐하는 것으로 드려서는 안 됩니다. 하나님이 기뻐하시는 것은 제사가 아니라 바로 순종입니다.

가인과 아벨 중에서 하나님이 아벨의 제사만 받으신 것도 순종과 불순종의 차이 때문이었습니다. 질서는 오직 한 가지, 하나님의 질서밖에 없습니다. **하나님의 일은 하나님의 방법대로 해야 합니다.** 여기서 삶과 죽음이 갈라지고 성공과 실패가 갈라지는 것입니다.

구약에서 금하고 있는 돼지고기는 부정한 짐승이라고 되어 있습니다. 그러나 실제로 돼지가 소보다 부정하다고 할 수 있는 의학적 근거는 없습니다. 오히려 더 맛이 있고 영양도 있습니다. 그러나 중요한 것은 하나님께서 그 당시에 먹지 말라고 하셨다는 점입니다. 그것으로 충분합니다. 그래서 돼지는 부정한 짐승이 된 것입니다.

이처럼 신앙생활이라는 것은 쉽고 간단합니다. 하나님이 하라고 하신 대로만 순종하면 됩니다.

어떻게 생각해 보면, 사람의 불을 들고 들어왔다고 해서 그 자리에서 죽이는 것은 아주 가혹한 벌이라고 여길 수도 있을 것입니다. 그러나 이것은 다른 사람들이 추후에 다시는 이런 일을 하지 못하도록 하기 위한 특별한 경고입니다. 처음의 벌이 가벼우면 다른 사람들이 같은 잘못을 되풀이할 가능성이 있습니다. 하나님께서는 다시는 이런 일이 일어나지 않도록 하기 위해서 처음 잘못을 저지른 사람을 엄히 다스리셨던 것입니다.

아론의 두 아들의 죽음을 통해 이스라엘은 대대로 하나님의 제사에 대한 경각심을 높일 수 있게 되었습니다.

레위인들의 사역

두 아들이 죽자 남은 두 아들 엘르아살과 이다말이 아버지 아론과 함께 제사장의 직분을 행하였습니다. 감독을 소홀히 한 탓에 두 아들을 잃게 되었다는 것을 알게 된 아론은 남은 두 아들은 철저한 감독 하에서 제사장의 직분을 맡게 하였습니다. 하나님 앞에서의 영적인 사역은 조심 없이는 할 수 없는 일이기 때문입니다.

그런데 오직 아론과 그 직계 자손들만이 제사장의 일을 할 수 있었기 때문에 그들이 모든 이스라엘 백성들의 욕구를 충족시켜 줄 수는 없었습니다. 그래서 하나님은 레위 지파로 하여금 실제적인 제사장 역할과 봉사가 결핍되는 부분을 보충하는 책임을 지게 하셨습니다.

> "여호와께서 또 모세에게 일러 가라사대 레위 지파로 나아와 제사장 아론 앞에 서서 그에게 시종하게 하라"(민 3:5-6)

레위인들이 아론을 도와 하는 일은 특별히 성막에 관한 일이었습니다. 성막은 눈에 보이지 않는 하나님에 대한 가시적인 상징입니다. 성막은 하나님이 이스라엘 가운데 임재하신다는 것을 보여주는 결정적인 표시였습니다.

마찬가지로 레위인들은 하나님을 섬기는 거룩한 백성들을 상징하는 것입니다. 모든 백성이 하나님의 백성이지만 그 중에서 특별히 레위인들은 가시적으로 구별된 하나님의 백성이었습니다.

레위인들이 하는 일은 제사장을 돕는 일이었습니다(6절). 그리고 회막의 일을 돕고(7절), 회막의 기구들을 돌보았습니다(8절). 또, 광야의 여행 도중 회막을 분해하고 운반하고 설치하는 모든 사역이 레위인들이 하는 사역이었습니다.

> "그들이 회막 앞에서 아론의 직무와 온 회중의 직무를 위하여 회막에서 시무하되 곧 회막의 모든 기구를 수직하며 이스라엘 자손의 직무를 위하여 장막에서 시무할지니"(민 3:7-8)

이스라엘 군대에는 스무 살에 들어갈 수 있었지만 레위인의 사역을 하기 위해서는 서른 살이 되어야 했습니다. 그만큼 조심스럽고 중요한 일이었습니다. 그리고 나이 50이 넘으면 실제로 레위인들이 하는 중심적인 사역은 할 수 없고 은퇴를 해야 했으나 레위인들이 하는 일을 감독하는 일은 계속할 수 있었습니다.

힌두교에서는 남자 나이 50이 넘으면 하던 일에서 은퇴하게 합니다. 그 후로는 영적으로 집중 계발을 하는 데에 온 힘을 다 쓸 수 있도록 하는 것입니다.

30세에서 50세 사이의 나이가 가장 열정적으로 일을 할 수 있는 나이입니다. 지금은 좀더 많은 나이에도 아주 젊은 사람처럼 일할 수 있는 때입니다.

하나님은 열정적으로 일할 수 있는 나이에 하나님을 위해서 일하는 것을 기뻐하십니다. 아무 낙이 없고 힘이 없을 때가 되어야 하나님의 일을 하겠다는 생각은 잘못된 것입니다.

한국의 경우에는 목회를 시작하는 사람들의 평균 나이가 미국보다 좀 많은 편입니다. 우리는 30대에도 아직 무엇인가 배우는 데 골몰하는데 반해 미국의 경우에는 30대가 되면 벌써 쟁쟁하게 목회를 하고 있는 사람들이 많이 있습니다.

하나님의 일을 하기를 원하신다면 일할 수 있을 때에 하십시오. 하나님을 기쁘시게 하는 일에 젊음을 바치십시오.

레위인들은 출애굽할 때 마땅히 애굽의 장자와 마찬가지로 죽었어야 할 이스라엘의 장자들을 대신해 하나님께 제물로 드려진 사람들입니다. 하나님을 위해 하나님에 의해 선택된 하나님의 사람들입니다.

여기에 대해 하나님은 민수기 3:11-13에 걸쳐 이렇게 말씀하십니다.

"여호와께서 모세에게 일러 가라사대 보라 내가 이스라엘 자손 중에서 레위인을 택하여 이스라엘 자손 중 모든 첫 태에 처음 난 자를 대신케 하였은즉 레위인은 내 것이라 처음 난 자는 다 내 것임은 내가 애굽 땅에서 그 처음 난 자를 다 죽이던 날에 이스라엘의 처음 난 자는 사람이나 짐승을 다 거룩히 구별하였음이니 그들은 내 것이 될 것임이니라 나는 여호와니라."

레위인들의 인구조사

14-39절에는 레위인들의 인구조사가 기록되어 있습니다. 그런데 특이한 것은 다른 지파를 계수할 때는 20세 이상의 장정을 기준으로 했는데 레위인을 계수할 때는 일 개월 이상의 모든 남자를 대상으로 했다는 점입니다.

> "여호와께서 시내 광야에서 모세에게 일러 가라사대 레위 자손을 그들의 종족과 가족을 따라 계수하되 일개월 이상의 남자를 다 계수하라 모세가 여호와의 말씀을 좇아 그 명하신 대로 계수하니라"(민 3:14-16)

레위에게는 세 아들이 있는데 첫째는 게르손, 둘째는 고핫, 셋째는 므라리였습니다. 각 아들들의 자손들마다 하는 일들이 다 달랐습니다.

첫째, 게르손의 자손들은 약 7,500명으로 회막의 서쪽에 진을 치고 있다가 이스라엘 민족이 이동을 하면 성막의 천막과 덮개, 문장, 줄들을 맡아서 운반했습니다.

> "게르손 자손의 회막에 대하여 맡을 것은 성막과 장막과 그 덮개와 회막 문장과 뜰의 휘장과 및 성막과 단 사면에 있는 뜰의 문장과 그 모든 것에 쓰는 줄들이니라"(민 3:25-26)

둘째, 고핫 자손들은 약 8,600명으로 회막의 남쪽에 자리잡고 있었습니다. 그들은 법궤, 진설병 놓는 상, 등대, 제단, 기구 등을 운반했습니다.

> "그들의 맡을 것은 증거궤와 상과 등대와 단들과 성소에서 봉사하는 데 쓰는 기구들과 휘장과 그것에 쓰는 모든 것이며"(민 3:31)

마지막으로, 므라리 자손들은 약 6,200명으로 회막 북쪽에 자리잡았으며 성막 구조널판과 기둥과 말뚝 그리고 성막 지붕의 띠 막대 등을 운반하는 일을 맡았습니다.

> "므라리 자손의 맡을 것은 성막의 널판과 그 띠와 그 기둥과 그 받침과 그 모든 기구와 그것에 쓰는 모든 것이며 뜰 사면 기둥과 그 받침과 그 말뚝과 그 줄들이니라"(민 3:36-37)

장자 대신 선택된 레위인

이렇게 해서 계수한 이들 전체의 인구조사 결과는 22,000명이었습니다. 처음에 하나님을 섬기도록 된 사람은 각 지파의 장자였습니다. 출애굽 당시 이스라엘의 장자들이 구원받은 대가로 하나님은 이스라엘의 남자와 모든 가축의 장자는 하나님의 소유라고 말씀하셨습니다. 그것은 그들이 하나님을 위해 봉사해야 한다는 것을 의미합니다.

그런데 레위인들이 그 장자들을 대신해서 하나님을 섬기게 된 것입니다. 이스라엘 각 지파의 장자들의 수는 총 22,273명이었습니다.

"여호와께서 또 모세에게 이르시되 이스라엘 자손의 처음 난 남자
를 일개월 이상으로 다 계수하여 그 명수를 기록하라 나는 여호와라
이스라엘 자손 중 모든 처음 난 자의 대신에 레위인을 내게 돌리고
또 이스라엘 자손의 가축 중 모든 처음 난 것의 대신에 레위인의 가
축을 내게 돌리라 모세가 여호와께서 자기에게 명하신 대로 이스라
엘 자손 중 모든 처음 난 자를 계수하니 일개월 이상으로 계수함을
입은 처음 난 남자의 명수의 총계가 이만 이천이백칠십삼 명이었더
라"(민 3:40-43)

하나님은 그 수와 비슷한 수의 지파인 레위 지파를 대신 택하사 하
나님을 섬기는 지파로 삼으셨습니다. 초과된 숫자인 273명은 한 명당
5세겔의 대가를 지불하여 그 돈을 아론과 그의 자손에게 가져오게 했
습니다.

"이스라엘 자손의 처음 난 자가 레위인보다 이백 칠십삼 인이 더한
즉 속하기 위하여 매명에 오 세겔씩 취하되 성소의 세겔대로 취하라
한 세겔은 이십 게라니라 그 더한 자의 속전을 아론과 그 아들들에
게 줄 것이니라"(민 3:46-48)

이 때 레위인보다 273인이 초과된 장자들을 대속하기 위해서 속전
을 각출한 것은 레위기 27:6에 근거하고 있습니다.

"일개월로 오 세까지는 남자이면 그 값을 은 오 세겔로 하고 여자이
면 그 값을 은 삼 세겔로 하며."

이것은 모든 일들이 일정하게 정해 놓은 근거 위에서 이루어지고 있다는 것을 알게 하는 증거입니다. 이스라엘 장자에 대한 레위인의 대속은 성경의 통시적 맥락에서 볼 때 그리스도의 대속 사역을 예표한다고 볼 수 있습니다.

고핫인의 사역

민수기 4장에는 회막이 이동할 때에 레위인들이 감당해야 할 역할이 기록되어 있습니다. 1절에서 3절까지 기술된 레위인들의 사역은 30세부터 50세까지의 남자들에게 해당되었습니다. 그리고 이것은 제사장 사역을 위한 최소의 연령이 30세라는 것을 보여줍니다. 모든 면에서 한참 왕성할 때에야 비로소 하나님의 일을 정식으로 할 수 있도록 허락되었던 것입니다.

> "여호와께서 또 모세와 아론에게 일러 가라사대 레위 자손 중에서 고핫 자손을 그들의 가족과 종족을 따라 총계할지니 곧 삼십 세 이상으로 오십 세까지 회막의 일을 하기 위하여 그 역사에 참가할 만한 모든 자를 계수하라"(민 4:1-3)

성막이 출발할 때가 되면 아론과 아들들은 성막의 기구들을 푸른 보자기와 주홍색 보자기에 싸서 하나님의 거룩한 것들을 보통 사람들이 볼 수 없게 하는 동시에 비바람으로부터 보호할 책임이 있었습니다. 그리고 제사장들이 기구를 쌀 때에는 아무도 접근하지 못하게 되어 있었습니다. 고핫인들은 이 법궤를 위시한 모든 중요한 가구들을 운반하는 중요한 책임을 맡고 있었습니다(민 4:4-16).

모든 것이 제사장에 의해서 준비가 된 후에 고핫 자손들은 위에서 언급한 모든 기구들을 운반했습니다. 그런데, 15절을 보면 운반하는 자라 하더라도 죽임을 당하지 않기 위해서는 그 기물들을 만지지 않도록 조심해야 했습니다.

> "행진할 때에 아론과 그 아들들이 성소와 성소의 모든 기구 덮기를 필하거든 고핫 자손이 와서 멜 것이니라 그러나 성물은 만지지 말지니 죽을까 하노라 회막 물건 중에서 이것들은 고핫 자손이 멜 것이며"(민 4:15).

이 모든 절차는 제사장 엘르아살이 감독해야 했으며 제사장은 등유, 향품, 소제물 등이 적절하게 취급되는지 살펴보아야 했습니다.

게르손인과 므라리인의 사역

4장 24절에서 28절까지는 게르손 자손의 사역이 나옵니다.

> "게르손 가족의 할 일과 멜 것은 이러하니 곧 그들은 성막의 앙장들과 회막과 그 덮개와 그 위의 해달의 가죽 덮개와 회막 문장을 메이며 뜰의 휘장과 및 성막과 단 사면에 있는 뜰의 문장과 그 줄들과 그것에 사용하는 모든 기구를 메이며 이 모든 것을 어떻게 맡아 처리

할 것이라 게르손 자손은 그 모든 일 곧 멜 것과 처리할 것에 아론과 그 아들들의 명대로 할 것이니 너희는 그들의 멜 짐을 그들에게 맡길 것이니라 게르손 자손의 가족들이 회막에서 할 일이 이러하며 그들의 직무는 제사장 아론의 아들 이다말이 감독할지니라"(민 4:24-28)

게르손 자손의 사역은 성막의 커튼이나 회막, 덮개, 뜰의 휘장들을 돌보는 일 등이었습니다. 그리고 그 일은 아론의 아들 제사장 이다말의 지휘하에서 수행되었습니다.

성막과 그 기구들을 운반하는 고핫 자손과 게르손 자손과 므라리 자손들의 사역을 자세히 살펴보면 그 역할 분담이 아주 효율적으로 잘 되어 있다는 것을 알 수 있습니다.

고핫 자손은 성막 안과 성막의 뜰에서 사용할 중요한 기구들에 대한 책임을 맡았습니다. 그래서 그들은 증거궤와 지성소의 휘장, 금단, 등대와 등잔, 진설병 상, 물두멍, 번제단 등 제사의 기구들을 옮기는 일을 맡았습니다.

그리고 게르손 자손은 뜰의 휘장과 성막의 앙장과 회막, 그리고 회막의 문장, 뜰의 문장처럼 성막의 덮개를 옮기는 일을 맡았습니다.

마지막으로 므라리 자손은 성막의 바깥부분에 해당하는 장막과 그것을 지탱하기 위한 널판, 기둥, 기둥받침, 말뚝, 줄 등을 운반하는 일을 맡았습니다.

"너는 므라리 자손도 그 가족과 종족을 따라 계수하되 삼십 세 이상으로 오십 세까지 회막 봉사에 입참하여 일할 만한 모든 자를 계수하라 그들이 직무를 따라 회막에서 할 모든 일 곧 그 멜 것이 이러하니 곧 장막의 널판들과 그 띠들과 그 기둥들과 그 받침들과 뜰 사면 기둥들과 그 받침들과 그 말뚝들과 그 줄들과 그 모든 기구들과 무릇 그것에 쓰는 것이라 너희는 그들의 맡아 멜 모든 기구의 명목을 지정하라 이는 제사장 아론의 아들 이다말의 수하에 있을 므라리 자손의 가족들이 그 모든 사무대로 회막에서 행할 일이니라"(민 4:29-33).

므라리 자손은 장막의 무거운 것들을 운반하는 책임을 맡고 있었습니다. 아마도 므라리 족속들이 체격들이 좋았던 것 같습니다. 그리고 떠나는 날에 대한 기약이 없었기 때문에 이들의 행동은 민첩하게 잘 훈련되어 있었을 것입니다. 언제 어느 때에 하나님의 구름기둥 불기둥이 움직일런지 모르기 때문입니다.

주님의 인도하심으로 살아가겠다는 생각을 하면서 사는 사람들이라면 언제라도 주님이 떠나라는 곳으로 떠날 준비를 하고 살아야 합니다.

하나님의 인도하심은 누구도 알 수 없는 것입니다. 그냥 그 자리에 있을 것으로 기대하고 있었는데 어느 날 갑자기 움직이는가 하면, 곧바로 움직일 것 같았는데 오랫동안 발을 묶고 있게 하실 때도 있습니다. 그 시간은 사람이 생각하는 시간보다 어느 때는 길고 어느 때는 짧습니다.

그러나 그 때가 바로 하나님의 때입니다. 그 때에 맞추어 움직이는 것이 바로 움직이는 길입니다. 하나님께서 인도하시는 길이 가장 바르고 가장 곧은 길입니다.

오늘날의 레위인

제사장과 레위인들의 역할들을 현대 교회에 대비해서 생각해 본다면 아마 목회자는 제사장에 해당할 것입니다. 완전한 일치는 불가능하겠지만 교회의 직원들과 성가대 및 교회 임원들은 레위인의 직분에 비견될 수 있을 것입니다. 처음 다윗 시대의 성가대는 레위인들이 했습니다. 어느 면에서는 집사님들도 레위인들의 임무를 맡고 있다고 할 수 있습니다.

특히 교회에서 일을 하고 계시는 분들이 사명감을 가지셨으면 합니다. 그저 교회를 단순한 직장으로 여겼던 분들도 자기 자신에게 레위인의 사명이 있다는 것을 알면 그 때부터는 일을 하는 생각과 자세가 달라지기 시작합니다.

사명감이 있는 사람들은 일을 가리지 않고 무엇이든지 하려는 헌신이 있는 사람입니다. 자기가 맡은 일이 어떤 것이든 그것이 자기 사명과 연관되는 것이라고 생각하면 일을 선별하거나 게으른 생각을 하지 않게 되는 것입니다.

그래서 교회 일을 하는 분을 구할 때는 그 일에 대한 사명을 분명히 하는 것이 좋습니다. 그냥 '교회버스를 운전하실 분을 구합니다' 라는 것보다는 '버스 사역자를 구합니다' 라고 하는 것이 좋습니다. 단순히 버스를 운전할 사람을 구하면 그 사람은 정해진 구역을 돌면서 버스를 운전하는 것으로 자기 일을 끝냅니다. 그러나 버스 사역자라고 하면 자신이 하고 있는 일을 통해서 하나의 목회를 할 수 있게 되는 것입니다. 그 사람은 단순히 버스를 운전하는 것으로 끝나는 것이 아니라 사람들의 집을 심방하고 기도해 주고 다른 사람들도 전도할 수 있게 되는 것입니다. 그 사람에게는 버스가 하나의 사역장이 되는 것입니다.

소명 의식을 가진 사람은 사람들에게서 칭찬받기를 바라지 않습니다. 다른 사람들의 싫은 소리에 크게 상처를 입거나 화를 내는 일도 드뭅니다. 오로지 하나님을 바라보면서 하나님을 위한 일을 한다는 사명감을 가지고 자신의 일을 하는 것입니다. 그래서 옛날 하나님의 일을 하던 사람과 지금의 일을 하는 사람을 서로 비교해서 생각하는 것도 자기 일에 사명감을 갖는 아주 좋은 기회가 될 수 있습니다.

레위인들이 본격적으로 일을 시작할 수 있었던 30세라는 나이는 레위인들뿐만 아니라 다른 사람들에게도 아주 의미있는 나이인 것 같습니다.

알버트 슈바이처 박사의 전기에 의하면, 그는 30세까지는 모든 공부를 끝낼 계획을 가지고 있었습니다. 일생 동안 일할 수 있는 기초와 훈련을 닦을 수 있는 시간을 만들기 위해서 노력했던 것입니다. 그래서 스물 다섯에 신학공부를 끝내고 다시 의과 대학에 들어가서는 서른 살에 의학공부를 마쳤습니다. 그 다음부터는 자기가 알고 있는 지식들을 다른 사람들을 위해 사용하는 데 보냈습니다. 일찍 자기 생에 대한 계획을 세우고 거기에 따라서 움직였던 사람이었던 것입니다.

기초를 깊고 넓게 파 놓은 사람만이 그 위에 크고 튼튼한 집을 세울 수 있는 것입니다.

역시 30세의 나이에 이스라엘의 왕이 된 다윗은 십대에 모든 준비 작업을 거의 끝냈습니다. 목동으로서 돌팔매를 할 줄 알았고 시와 노래를 할 줄 알았습니다. 야생짐승과 싸워 이길 수 있는 용맹과 전투기능을 길러 놓았습니다. 사무엘이 처음에 다윗의 집에 찾아왔을 때 다른 형제들은 다 집에 있었는데 다윗은 그 시간에도 들에서 양을 치다가 돌아왔습니다. 그는 열심히 일을 하는 습관을 기른 사람이었습니다. 이런 준비가 훗날의 다윗을 만들었습니다.

어렸을 때의 시간을 어떻게 쓰느냐 하는 것이 나머지 생애를 어떻게 살 것인지 결정하는 것입니다. 예수님도 30세에 비로소 공생애를 시작하셨습니다. 처음 30년은 인생의 준비기간으로 삼으면 유익할 것입니다.

여러분의 젊은 날을 헛되게 보내지 마십시오. 여러분이 해야 할 일, 하나님이 여러분에게 주신 비전을 분명히 알고 하나님으로부터 훈련받는 시간을 보내십시오. 하나님이 어디로 보내시든 무슨 일을 맡기시든 감당할 수 있는 준비를 갖추십시오.

그리고 하나님이 여러분에게 무엇을 요구하시든 하나님께 순종하십시오. **하나님께 순종하는 것이 성공적인 인생을 사는 최선의 길입니다.**

성별된 삶에는 축복이 있다

여호와께서 모세에게 일러 가라사대
아론과 그 아들들에게 고하여 이르기
를 너희는 이스라엘 자손을 위하여 이
렇게 축복하여 이르되 여호와는 네게
복을 주시고 너를 지키시기를 원하며
여호와는 그 얼굴로 네게 비취사 은혜
베푸시기를 원하며 여호와는 그 얼굴
을 네게로 향하여 드사 평강주시기를
원하노라 할지니라 하라 그들은 이같
이 내 이름으로 이스라엘 자손에게 축
복할지니 내가 그들에게 복을 주리라

성별된 삶에는 축복이 있다

하나님의 백성은 세상과는 다른 삶을 살아야 합니다. 하나님은 자기 백성에게 구별된 삶을 요구하십니다. 민수기 5장을 보면 하나님께서 이스라엘 백성들을 성화시키는 장면이 나옵니다.

영적조직 개편

하나님 백성의 특징은 구별되는 것이고 성화되는 것입니다. 하나님의 백성들은 성화되어야 할 의무가 있습니다. 이제 외적, 군사적 조직이 완료되자 영적, 도덕적 조직을 성취할 단계에 이르렀습니다.

첫째/ 부정한 자의 격리(5:1-4)

하나님은 그 작업의 첫 번째로 깨끗하지 않은 자를 격리시켰습니다. 1-3절을 보십시오.

"여호와께서 모세에게 일러 가라사대 이스라엘 자손에게 명하여 모든 문둥병 환자와 유출병이 있는 자와 주검으로 부정케 된 자를 다 진 밖으로 내어 보내되 무론 남녀하고 다 진 밖으로 내어 보내어 그들로 진을 더럽히게 말라 내가 그 진 가운데 거하느니라 하시매."

문둥병자(레 13장), 피나 고름이 흐르는 자(레 15장), 시체를 만져 부정해진 자(레 21장) 등은 격리해서 진영 밖에 거하게 했습니다. 다른 사람들이 그 사람들과 접촉해서 전염이 되는 것을 막기 위해서 취한 조치였습니다. 그래서 하나님은 이스라엘 백성들이 깨끗함을 유지하도록 했습니다. 레위기에도 문둥병자는 성문 밖 특정한 지역에 집을 지어 거하게 했습니다(레 13:45-46).

둘째/ 부정한 물건의 보상(5:5-10)

두 번째는 부정한 물건에 대한 조치였습니다. 물건을 훔쳤거나 물건에 손해를 입혔으면 반드시 보상을 하는데 원래 액수에 5분의 1을 추가해서 해야 했습니다. 그 5분의 1은 피해로 인한 정신적, 시간적 고통을 감안한 것입니다. 갚아야 할 사람이 죽어서 없으면 속죄제물을 제사장에게 바치게 하고 소유를 제사장의 소유로 삼아 그 공동체의 단합을 해치지 않도록 했습니다. 배상의 정도나 사용이 합리적으로 되어 있음을 볼 수 있습니다.

만일 훔친 물건의 주인을 찾을 수가 없을 때에도 그에 해당하는 대가를 제사장에게 바쳐야 했습니다. 물건의 주인을 찾을 길이 없다고 해서 그냥 두는 것이 아니고 그에 상응하는 것을 제사장이 받는 것입니다.

한 번 저지른 죄는 반드시 대가를 치르고서야 용서가 되었습니다.

"그 지은 죄를 자복하고 그 죄 값을 온전히 갚되 오분지 일을 더하여 그가 죄를 얻었던 그 본주에게 돌려줄 것이요 만일 죄 값을 받을 만한 친족이 없거든 그 죄 값을 여호와께 드려 제사장에게 돌릴 것이니 이는 그를 위하여 속죄할 속죄의 수양 외에 돌릴 것이니라"(민 5:7-8)

오래 전에 누구에게서 훔쳤는데 그 사람에게 보상할 길이 없다면 그 값을 계산해서 하나님께 헌금으로 바치라는 것입니다. 성경의 원리에 맞게 5분의 1을 가산해서 헌금을 함으로 보상할 수 있습니다. 10년 전에 5,000원 빚진 것을 갚는다고 지금 5,000원을 낸다면 그것은 제값을 치렀다고 할 수 없는 것입니다. 현재 가치는 그에 상응하는 값을 지불해야 진정으로 갚는 것이 되기 때문입니다.

진정한 회개에는 회개에 맞는 열매가 있어야 합니다. 세리 삭개오가 토색한 것의 네 배를 갚고 나서도 전 재산의 절반을 가난한 사람을 위해 바쳤던 것처럼 구체적인 대가를 치르는 것이 필요합니다.

셋째/ 부정한 여자의 분별(5:11-31)

남자나 여자나 간음을 하면 법정에서 판결을 받고 돌로 쳐서 죽이는 것이 정상적인 처벌 법이었습니다. 그러나 문화적인 차이로 인해 남자에게는 간음에 대한 처벌이 비교적 잘 이루어지지 않고 있었습니다.

그러나 이러한 문화적인 차이에도 불구하고 민수기에는 부정한 것을 분리하려는 하나님의 공의와 함께 여성의 권리를 보장하려는 하나님의 사랑이 동시에 나타나고 있습니다. 만일 의처증이나 질투심이 생겼을 때 남편은 그것으로 인하여 일방적으로 아내를 내쫓을 수 없었습니다. 의심만으로 아내를 폭행하고 내쫓는 일을 하나님은 엄격하게 금하셨습니다.

아내의 부정을 확인하고 아내로 하여금 자신의 죄를 고백하게 하기 위해서는 첫 번째 단계로 하나님께 제물을 드렸습니다.

15절을 보십시오.

"그 아내를 데리고 제사장에게로 가서 그를 위하여 보리가루 에바 십분지 일을 예물로 드리되 그것에 기름도 붓지 말고 유향도 두지 말라 이는 의심의 소제요 생각나게 하는 소제니 곧 죄악을 생각하게 하는 것이니라."

사람이 하나님께 예배를 드리는 시간에는 객관성을 갖게 됩니다. 하나님께 기도를 드릴 때도 감정이 절제가 되고 냉정을 되찾게 되는 것입니다. 예배를 드리기 위해서 예물을 드리고 준비를 하면서 자기 자신을 객관화하게 되고 하나님을 두려워하는 마음을 갖게 되는 것입니다.

두 번째 단계는 그 여인을 제사장의 앞에 세워둡니다. 제사장은 재판을 하는 사람으로서 하나님을 대행하며 사실을 묻게 됩니다. 제사장에게는 하나님이 주신 권위가 있기 때문에 정직하게 사실대로 말을 하게 됩니다. 눈으로 보는 하나님의 대행자 앞에 서면 자기 속의 죄를 고백하지 않을 수 없을 것입니다. 그리고 질그릇에 담은 물에 제단에서 가져온 재를 뿌리고 여자의 머릿수건을 벗기고 난 후 여자로 하여금 하나님 앞에 맹세를 하게 합니다.

> "제사장은 그 여인으로 가까이 오게 하여 여호와 앞에 세우고 토기에 거룩한 물을 담고 성막 바닥의 티끌을 취하여 물에 넣고 여인을 여호와 앞에 세우고 그 머리를 풀게 하고 생각하게 하는 소제물 곧 의심의 소제물을 그 두 손에 두고 제사장은 저주가 되게 할 쓴 물을 자기 손에 들고 여인에게 맹세시켜 그에게 이르기를 네가 네 남편을 두고 실행하여 사람과 동침하여 더럽힌 일이 없으면 저주가 되게 하는 이 쓴 물의 해독을 면하리라"(민 5:16-19).

베일을 벗는다는 것은 하나님과 직접 대면하는 것을 뜻합니다. 적나라한 모습입니다. 이 단계까지 가면 자기 안에 있는 어떤 것이라도 말을 하게 되어 있습니다.

그리고 마지막에는 재를 탄 물을 마시게 했습니다. 만일 그 여자에게 죄가 있으면 배가 붓고 넓적다리가 썩어져 나가게 되어 있었습니다.

> "그러나 네가 네 남편을 두고 실행하여 더럽혀서 네 남편이 아닌 사람과 동침하였으면 (제사장이 그 여인으로 저주의 맹세를 하게 하고 그 여인에게 말할지니라) 여호와께서 네 넓적다리로 떨어지고 네 배로 부어서 너로 네 백성 중에 저줏거리, 맹셋거리가 되게 하실지라 이 저주가 되게 하는 이 물이 네 창자에 들어가서 네 배로 붓게 하고 네 넓적다리로 떨어지게 하리라 할 것이요 여인은 아멘 아멘 할

지니라"(민 5:20-22)

그 광경을 쳐다보고 있는 관중들을 한번 생각해 보십시오. 얼마나 숨이 막히고 긴장이 되겠습니까? 이런 과정을 통해서 남자의 질투심과 의심을 없앴던 것입니다. 그러나 사실 어떤 여자가 부정을 저질렀다고 해도 티끌 섞은 물을 마신다고 해서 살이 썩고 복통을 일으키고 죽을 리는 없습니다. 그 사람이 그 일로 인하여 죽었다면 티끌과 물이 변해서 죽은 것이 아니라 하나님이 그 사람의 죄를 아시고 죽게 하시기 때문에 죽는 것입니다.

만약 죄를 지은 사람이 이렇게까지 여러 단계를 거치는 동안에도 자신의 죄를 말하지 않고 죄 없다는 맹세까지 한다면 하나님을 속인 죄가 더 크게 되는 것입니다. 그리고 무죄한 사람은 절대로 죽지 않는 것 역시 하나님께서 그 사람의 무죄함을 아시기 때문입니다.

그런데 이러한 절차를 행하는 것에 대한 상징적인 의미들을 알아야 합니다. 여인의 손에 두었던 보리는 재판에 적절하게 해당되는 제물을 뜻합니다. 이것을 기름과 향유에 섞지 않았기에 더욱 그렇게 볼 수 있는 근거가 됩니다.

그리고 티끌과 혼합된 물은 거룩입니다. 왜냐하면 그것은 거룩한 그릇에 들어 있었기 때문입니다. 티끌을 물에 섞는 것은 뱀이 땅의 흙을 먹는 것과 관련된 것입니다. 뱀이 에덴 동산에서 저주를 받았으므로 만약에 그 여인이 범죄하였다면 마찬가지로 하나님의 저주를 받게 될 것이었습니다. 이런 것들은 하나의 상징적인 절차였지만 하나님은 이런 절차를 통해서 역사하셨던 것입니다.

이미 말했지만 죄가 물리적으로 드러나는 것은 섞은 물 자체가 갖는 능력이 아니라 순수한 죄책감, 혹은 무죄함에서 발생하는 정신현상학적 문제와 죄의식에서 오는 파괴적 육체반응이었습니다. 사람의 양심과 성령의 뚜렷한 활동에 의해서 발생되는 반응이었던 것입니다.

같은 사건에 대한 이방인들의 법은 의심이 가는 여인에게 독약을 먹이는 것이었습니다. 만일 죽지 않으면 무죄한 것이고 죽으면 그에게 죄가 있다는 것이 증명되는 것이었습니다. 이런 방법은 아주 무자비하고 비인간적인 법이었습니다. 여기에 비하면 하나님의 방법은 인간을 진정으로 위하는 합리적인 방법이었던 것입니다.

많은 여성도들에게서 왜 간음에 관해서는 여자들에게만 이런 법이 있느냐고 하는 질문을 많이 듣습니다. 그러나 이 방법은 하나님께서 무죄한 여성들을 보호하기 위해서 만든 것이지 무고한 사람을 벌 주기 위해서 만든 것이 아니라는 사실을 알아야 합니다. 이방의 법과 비교해보면 분명한 일입니다.

나실인의 서원

민수기 6장은 나실인에 대한 서원의 이야기가 나옵니다. 나실인이란 레위인이 아니면서도 일정 기간 동안 하나님을 위하여 자기 자신을 하나님께 헌신하기로 맹세한 사람을 말합니다. '나실' 이란 "바친다, 헌신한다"는 뜻인 히브리어 "나자르"에서 파생된 말입니다.

이러한 나실인의 대표적인 사람이 바로 삼손입니다. 그리고 신약에 와서는 세례 요한이 나실인이었습니다.

"여호와께서 모세에게 일러 가라사대 이스라엘 자손에게 고하여 그들에게 이르라 남자나 여자가 특별한 서원 곧 나실인의 서원을 하고 자기 몸을 구별하여 여호와께 드리거든"(민 6:1-2)

나실인의 서원은 의무적인 것이 아니고 자신이 원해서 하는 특별서원이었습니다. 특정 기간 동안 구별된 삶을 살겠다고 약속하는 영적 헌신입니다. 서원의 기간은 평생이 될 수도 있고 짧은 기간이 될 수도 있습니다.

자기가 자신의 영적인 목적을 위해서 서원을 한 것이기 때문에 철저하게 자원을 해서 하는 것이어야 했습니다. 자원하는 사람에게는 영적인 도움이 되는 것이지만 그것을 안했다고 해서 저주가 있거나 한 것은 아니었습니다. 그러나 한 번 한 서원은 지켜야 했습니다.

나실인이 되기 위한 서원을 하기 전에는 반드시 제물을 바쳐야 했습니다. 하나님 앞에 예배를 드리고 예물을 바치고 서원하는 것입니다.

한국 성도들의 좋은 점들 가운데 하나는 무슨 일을 하든지 예배를 먼저 드리는 습관이 있다는 것입니다. 언제나 예배가 먼저라고 생각하는 것은 우리 나라 성도들의 아주 좋은 의식입니다. 저녁을 한 끼 먹어도 일단 모이면 간단하게라도 예배를 드리는 것을 당연하게 여깁니다. 나실인이 되는 예식도 하나님께 예배를 드리는 것으로 시작되었습니다.

나실인의 서원은 현대의 금식기도와 목적이 다소 유사합니다.

나실인의 금기

나실인에게는 금지된 사항이 세 가지 있었습니다. 첫째는 술을 마시지 않는다는 것이고 둘째는 머리에 삭도를 대지 않는 것이고 셋째는 시체에 손을 대어서는 안 되는 것입니다.

> "자기 몸을 구별하는 모든 날 동안에는 포도나무 소산은 씨나 껍질이라도 먹지 말지며 그 서원을 하고 구별하는 모든 날 동안은 삭도를 도무지 그 머리에 대지 말 것이라 자기 몸을 구별하여 여호와께 드리는 날이 차기까지 그는 거룩한즉 그 머리털을 길게 자라게 할 것이며 자기 몸을 구별하여 여호와께 드리는 모든 날 동안은 시체를 가까이 하지 말 것이요"(민 6:4-6)

한국 사람들은 일단 기독교인이 되면 술을 끊는 것이 관습입니다. 술이 구원의 조건이 되는 것은 아니지만 일단 하나님 앞에 헌신하겠다는 표시로 끊는 것이기 때문에 자원해서 하는 서원이 되었다고 보아야 합니다. 이런 관습은 아주 좋은 것으로 보아야 할 것입니다.

만약 시체와 접촉을 했다면 그것으로서 나실인으로서의 생활은 끝납니다. 지금까지의 약속이 무효가 되는 것입니다.

서원을 하지 않는 것은 죄가 되지 않지만 일단 서원을 한 상태에서 지키지 못하는 것은 죄가 됩니다. 나실인도 자신이 자원하여 서원한 것이지만 일단 나실인이 된 후에는 나실인으로서 지켜야 할 것을 반드시 지켜야 하고 어기면 나실인의 자격을 상실하도록 되어 있었습니다. 그래서 서원은 강제로 하는 것이 아니지만 더욱 엄격하게 스스로 지켜야 하는 것입니다.

우리는 평소에 아주 극단적인 단언을 잘 하는데 이것은 쓸데없이 죄를 짓는 것입니다. 절대로 안 하겠다든지, 꼭 그렇게 하겠다든지 하는 것은 그 말을 사용하지 않아도 되는데 사용함으로써 스스로 죄를 짓게 만드는 것입니다. 조심해야 합니다.

자신이 그렇게 하고 싶지 않아서가 아니라 세상이 약속을 지키지 못하게 하는 경우가 얼마나 많습니까? 심지어는 시간 약속마저도 교통상황 때문에 지키기가 어려운 게 사실입니다. 부흥회 동안 감정에 벅차 교회의 건축을 위해 거액의 헌금을 약정해 놓고 지키지 못해서 하나님께 죄를 짓고 오랫동안 다니던 교회마저도 옮기게 되는 경우가 있지 않습니까? 그저 어떤 일에 대해서는 최선의 노력을 하겠다는 정도로만 이야기하고, 약속했을 때는 반드시 지키도록 노력하는 것이 말로 범죄하지 않는 바람직한 태도일 것입니다.

"누가 홀연히 그 곁에서 죽어서 스스로 구별한 자의 머리를 더럽히거든 그 몸을 정결케 하는 날에 머리를 밀 것이니 곧 제칠일에 밀 것이며 제팔일에 산비둘기 두 마리나 집비둘기 새끼 두 마리를 가지고 회막 문에 와서 제사장에게 줄 것이요 제사장은 그 하나를 속죄 제물로, 하나를 번제물로 드려서 그의 시체로 인하여 얻은 죄를 속하고 또 그는 당일에 그의 머리를 성결케 할 것이며 자기 몸을 구별하여 여호와께 드릴 날을 새로 정하고 일 년 된 수양을 가져다가 속건제로 드릴지니라 자기 몸을 구별한 때에 그 몸을 더럽혔은즉 지나간 날은 무효니라"(민 6:9-12)

나실인은 서원을 파기하게 된 때에도 하나님 앞에 제물을 드리게 되어 있었습니다. 그리고 자기 몸을 구별하여 여호와께 드릴 날을 새로 정하고 일년 된 수양을 가져다가 속건제로 드려야 했습니다. 그러면 이미 지나간 날은 무효가 되는 것이었습니다.

속죄 제물을 드리는 것에는 두 가지 영적인 의미가 있습니다. 첫째는 자기의 죄성을 사하는 의미이고, 둘째는 자기가 구체적으로 범한 죄 하나하나를 사하는 의미가 있는 것입니다.

> "나실인의 법은 이러하니라 자기 몸을 구별한 날이 차면 그 사람을 회막 문으로 데리고 갈 것이요 그는 여호와께 예물을 드리되 번제물로 일 년 된 흠 없는 수양 하나와 속죄 제물로 일 년 된 흠 없는 어린 암양 하나와 화목 제물로 흠 없는 수양 하나와 무교병 한 광주리와 고운 가루에 기름 섞은 과자들과 기름 바른 무교전병들과 그 소제물과 전제물을 드릴 것이요 제사장은 그것들을 여호와 앞에 가져다가 속죄제와 번제를 드리고 화목 제물로 수양에 무교병 한 광주리를 아울러 여호와께 드리고 그 소제와 전제를 드릴 것이요"(민 6:13-17)

나실인이 자기 몸을 성별할 날이 차면 그 사람은 여호와께 예물을 드리되 번제물과 속죄제와 화목제를 드리게 되어 있었습니다. 번제는 완전히 제물을 태워서 남김없이 바치는 헌신이고 속죄제는 자기의 모든 죄와 죄성을 사함받기 위해서 바치는 것입니다. 화목제는 하나님과의 평화를 위해서 바치는 제물이었습니다.

화목제로 바치는 부위는 특별히 신장과 그 위에 붙은 지방덩어리였습니다. 그 부위는 유대 사람들이 가장 좋아하는 부분이기 때문에 화목을 위해서 가장 좋아하는 부분을 바친다는 뜻을 내포하고 있습니다.

한국 사람으로 따지자면 소꼬리 부분 같은 부위라고 생각하면 됩니다. 자기만이 먹고 싶고 절대로 남들에게 내놓고 싶지 않은 것을 하나님 앞에 내놓음으로써 자기를 포기하고 화평을 이루는 것입니다.

우리 모두에게도 이런 부분이 있을 것입니다. 다른 것은 몰라도 절대로 이것만은 내 것이어야 한다고 생각하는 부분이 있기 마련입니다. 그러나 그런 부분을 하나님 앞에 내어 놓지 않으면 하나님과 화평할 수 없습니다. 하나님은 그런 것까지 포기하고 하나님 앞에 내놓기를 원하십니다.

저 같은 경우는 기관지가 나빠서 이 부분은 아주 치명적이라고 생각합니다. 일 년에 하루도 빼 놓지 않고 설교를 하고 가르치는 사람이 기관지가 나쁘면 어떻게 일을 할 수가 있겠습니까? 말을 하지 못하면 이 세상에 살고 있지 않는 것과 같을 것입니다. 하나님께서 기관지를 내놓으라고 하시면 아주 치명적인 상태가 될 것입니다.

그러나 다시 생각을 해보면 만일 하나님께서 내 목소리를 사용하지 못하게 하시면 그 때는 글을 쓰면 됩니다. 그 동안 글을 쓸 시간을 얻지 못해서 늘 고민을 하고 있었는데 만약 말을 하는 것이 어려워지면 그 때는 조용히 앉아서 글을 쓰면 됩니다. 이처럼 없으면 절망적일 것이라고 생각하는 것도 일단 내놓으면 다른 길이 열리고 다른 생명력이 일어나게 되어 있습니다.

저는 제가 어릴 때 다니던 평양 산정현교회 주기철 목사님의 「일사 각오」라는 책을 읽었습니다. 그 책을 보면, 그분이 영적으로 그렇게 힘이 있는 목사님이 되실 수 있었던 것은 철저하고 순수하게 자기 자신을 하나님께 바치신 그 정열 때문임을 알 수 있습니다.

그 당시의 신문에서도 주기철 목사님의 신사참배 거부에 대한 경과가 실리고 있었습니다. 그것 역시 주 목사님께 일사각오하는 마음이 있었기 때문에 가능했던 것이었습니다. 또한 그가 순교하면서까지 자신의 신앙적 절의를 꺾지 않았던 것도 하나님에 대한 확신과 자신의 모든 것을 드리겠다는 순결한 마음이 있었기 때문이었습니다.

나실인이 드리는 제사 중에 특기할 만한 사실은 화목제를 드릴 때에 자기의 머리카락을 잘라 화목제물이 드려진 제단 위에 던진다는 점입니다.

18절을 보십시오.

"자기 몸을 구별한 나실인은 회막문에서 그 머리털을 밀고 그것을 화목제물 밑에 있는 불에 둘지며."

나실인은 머리를 삭발하여 그 머리카락을 화목제물을 바칠 때 같이 바쳤습니다. 머리털을 잘라 드리는 것은 아마 여호와께 대한 나실인의 완전한 경험을 바치는 의미라고 생각됩니다. 이것은 하나님의 축복에 완전하게 헌신되었음을 상징하는 것입니다.

이와같이 나실인은 헌신을 위해서, 속죄를 위해서, 그리고 하나님과의 화평을 위해서 하나님께 예배를 드렸습니다.

아론의 축복기도

22-27절까지는 하나님께서 이스라엘 자손들에게 주시는 축복의 말씀이 기록되어 있습니다. 이 말씀은 구약 성경 가운데 제가 제일 좋아하는 구절 중 하나입니다.

먼저 23-24절을 보십시오.

> "아론과 그 아들들에게 고하여 이르기를 너희는 이스라엘 자손을 위하여 이렇게 축복하여 이르되 여호와는 네게 복을 주시고 너를 지키시기를 원하며 여호와는 그 얼굴로 네게 비취사 은혜 베푸시기를 원하며 여호와는 그 얼굴을 네게로 향하여 드사 평강 주시기를 원하노라 할지니라 하라."

이 말씀은 아론과 그 아들들이 이스라엘 백성들에게 해 주게 되어 있는 축복이었습니다. 그래서 그 내용이 요약되어 간단하면서도 압축된 축복의 말씀입니다.

지금의 목회자들도 자기 성도들을 만나 이런 내용으로 축복을 해 주면 아주 훌륭한 축복이 될 것입니다.

저는 이 성경 구절을 생각하면 "내 영혼에 햇빛 비치니"(488장)라는 찬송이 생각납니다. 이 두 내용은 아주 잘 통해서 이 성경 구절을 읽기 전이나 후에 이 찬송을 함께 부르면 은혜가 될 것입니다.

우리들은 흔히 복이라고 하면 물질적으로나 물리적으로 어떤 일이 일어나야만 한다고 생각하기 쉽지만 실제로는 그렇지 않습니다. 그런 복은 언제나 빼앗길 수 있고 없어질 수 있고 사라질 수 있는 것들입니다.

그래서 저는 민수기 6:22-27에 나오는 축복의 말씀을 요즘에 맞게 다음과 같이 고쳐서 번역해 보았습니다.

"여호와께서 그대를
축복하시고 지키시며
여호와께서 그대를 향하여
얼굴을 비추시고 은혜를 베푸시며
여호와께서 그대를 향하여
얼굴을 드사 평화 주시기를 축원하노라."

이 축복은 하나님께서 직접 주신 축복입니다. 하나님은 백성들에게 이렇게 축복하라고 제사장들에게 친히 말씀하셨습니다.

그러면 이 축복의 의미를 한 구절씩 자세히 살펴보겠습니다.

"여호와는 네게 복을 주시고"

여호와께서 네게 복을 주신다는 말은 하나님께서 나에게 복 몇 가지를 주시는 것이 아니라 나 자신을 축복하신다는 의미입니다. 몇 가지의 복을 주시는 것과 나 자신을 축복하시는 것은 엄연히 다른 것입니다. 물고기를 열 마리 잡아다 주는 것과 나를 어부로 만들어 주시는 것이 엄연히 다른 것처럼 말입니다.

하나님께서는 우리 자신을 축복해 주십니다. 그 사람 자신이 복이 되는 것입니다. 그 자신이 축복이 되기 때문에 나가거나 들어오거나 그 사람은 복인 것입니다. 어떤 종류의 복을 받는다는 것이 아니라 내가 복의 근원이 되는 것입니다.

이 개념을 확실히 이해하고 믿으면 자기 삶에 놀라운 변화가 생기게 됩니다. 그리고 철저하게 자기 삶의 방식이 바뀌어져야 합니다. 자기 자신이 복이 되는 변화가 일어났는데 어떻게 이전의 생활을 그대로 할 수 있겠습니까? 복된 자의 생활은 반드시 변할 수밖에 없습니다.

축복을 받는 것보다는 내 자신이 다른 사람의 축복이 되어야 하는 것입니다. 어떤 사람은 자기가 가진 것이 조금이라도 다른 사람의 축복이 되고 있는가 하면, 아무리 가진 것이 많이 있어도 아무에게도 도움이 되지 못하는 사람이 있습니다.

자신이 축복이 된 사람들은 어디서 누구와 함께 있어도 다른 사람의 축복이 되는 사람이어야 합니다. 그래서 그 사람 때문에 다른 사람의 삶이 복되게 바뀌는 일이 일어나야 한다는 것입니다. **변화가 나타나는 깨달음이 참된 깨달음입니다.**

이 말씀은 감추인 보배 같은 말씀입니다. 그래서 저는 심방을 갈 때나 다른 일이 있어서 예배를 드리게 되거나 은혜를 나눌 기회가 있으면 이 말씀을 자주 나눕니다.

계속해서 이 축복의 말씀이 뜻하는 바를 하나하나 살펴봅시다.

"너를 지키시기를 원하며"

너를 지키신다는 말은 하나님께서 친히 보호해 주신다는 말씀입니다. "의인의 길은 여호와께서 인정하시나 악인의 길은 망하리로다"라는 말씀이 하나님께서 의인이 돌아다니는 길을 아신다는 말은 아니지 않습니까? 그의 길을 지키시고 돌보시며 함께하신다는 말씀이며 누구도 손 댈 수 없는 상황을 나타내는 말입니다.

하나님이 함께하시는데 불안이나 초조함이 있을 수 없습니다. 세상의 어떤 보디가드보다도 강한 분이 내 주위를 감싸고 계신 것입니다. 하나님이 직접 지켜주시는데 누가 감히 손을 댈 수 있겠습니까?

"여호와는 그 얼굴로 네게 비취사"

하나님이 친히 그 얼굴 빛으로 우리를 비추어 주십니다. 이것은 마치 나를 향하여 햇빛을 환하게 비추시는 상태를 나타내는 것입니다. '하나님의 생명의 햇빛이 나에게 비춰고 있다'는 말을 이렇게 표현하고 있는 것입니다. 하나님의 환한 은혜의 얼굴이 우리를 향해서 웃고 계시는 상태를 말합니다. 자식이 좋아서 어쩔 줄 모르는 부모님처럼 하나님은 우리를 향하여 웃고 계십니다.

이런 사실을 인식하면서 순간순간을 산다면 얼마나 좋은 일이겠습니까? 우리의 속이 달라지고 겉생활이 전혀 다른 모습으로 변화될 것입니다.

"은혜 베푸시기를 원하며"

은혜를 베푸신다는 말은 일정량만큼의 은혜를 베풀어 주신다는 것처럼 들리지만 사실은 하나님께서 늘 자신의 선하심과 은총으로 나타난다는 것을 말합니다. 어쩌다 한두 번 은혜를 베푸시는 것이 아니라 영어 성경의 표현처럼 "be gracious unto you", 즉 하나님께서 친히 늘 자신의 선하신 은혜의 속성대로 무조건 우리에게 은혜로우심을 말하는 것입니다.

은혜는 조건이 있어서 주는 것이 아니고 은혜를 주는 분의 속성 때문에 주어지는 것입니다. 따라서 하나님께서 나를 향하여 주시는 모든 것이 은혜이고 내가 곧 하나님의 은혜된 자가 된다는 말입니다.

"여호와는 그 얼굴을 네게로 향하여 드사"

이 말씀은 얼굴을 바로 나를 향하여 쳐다보는 모습을 묘사하고 있는 것입니다. 이 축복을 받은 사람은 그 얼굴에 감사와 기쁨이 넘치지 않을 수 없게 됩니다. 하나님은 우리들에게서 얼굴을 돌리시지 않습니다. 하나님의 얼굴은 우리를 향해 있습니다.

"평강 주시기를 원하노라"

마지막에 비는 축복이 샬롬(shalom), 즉 평강의 축복입니다. 이 평강은 보통의 평강과 다릅니다. 전쟁이 없고 풍랑이 없는 소극적인 평화를 말하는 것이 아닙니다. 여기서 말하는 평화는 역동적 평화입니다. 풍랑이 생기면 그것을 잠잠하게 하고, 병든 자가 고쳐지고, 주린 자에게 먹을 것이 생기고, 문제가 생기면 그것을 해결하는 방법을 찾아내는 평강인 것입니다. 묶인 것을 풀어주는 움직이고 활동하는 평화를 말하는 것이 바로 히브리어의 "샬롬"입니다.

이 평강은 또한 구체적이고 현실적인 평강입니다. 희랍에서 말하는 평화는 추상적인 개념에 불과하지만 하나님의 평화에는 추상적 개념은 없습니다. 구체적인 현실만 있습니다.

행함이 없는 믿음을 상상할 수 없는 것처럼 생동하지 않는 샬롬은 하나님의 평강이라고 할 수 없습니다. 이것은 우리 믿음과 같은 것입니다. 아무 것도 행하지 않는 믿음은 진정한 믿음이라고 할 수 없듯이 생동하지 않은 샬롬은 진정한 평강이라고 할 수 없습니다.

보통 히브리인들이 샬롬을 말할 때는 "샬롬 엘렉햄"이라고 합니다. "당신에게 하나님의 평화가 있을지어다"라는 말입니다. 이것이 상대 방에게 빌어주는 가장 큰 축복입니다.

그러나 이 인사는 그저 의례적으로 말로만 하는 인사는 아닙니다. 그 사람이 진정으로 샬롬을 느낄 수 있도록 해 주면서 하는 인사인 것입니다. 배고픈 사람에게는 빵을 한 조각이라도 주면서 샬롬을 말해야 하고, 목이 마른 사람에게는 물 한 모금을 주면서 샬롬을 말해야 하는 것입니다. 그런데 이웃의 딱한 형편을 알고 충분히 도울 수도 있는데 말로만 하는 샬롬 인사는 진정한 인사라고 할 수 없습니다.

목사님들이 성도들에게 줄 수 있는 가장 좋은 축복은 하나님의 축복입니다. 이런 축복을 받으면 모든 것이 합력하여 선을 이루게 되어 있습니다. 하나님께서는 제사장의 입을 통하여 선포하신 축복을 그 사람의 삶을 통해서 현실적으로 이루어주시겠다고 말씀하십니다.

이제 만인이 제사장의 임무를 갖게 되었으니 우리가 만나는 사람들에게 이런 축복을 많이 해 주어야 할 것입니다.

복음은 참으로 놀라운 기쁜 소식입니다. 우리만 가지고 묻어 두어야 할 것이 아닙니다. 많은 사람들이 나누고 함께 누려야 할 하나님의 약속된 축복인 것입니다.

예배드리며 살라

모세가 장막 세우기를 필하고 그것에
기름을 발라 거룩히 구별하고 또 그
모든 기구와 단과 그 모든 기구에 기
름을 발라 거룩히 구별한 날에 이스라
엘 족장들 곧 그들의 종족의 두령들이
요 그 지파의 족장으로서 그 계수함을
입은 자의 감독된 자들이 예물을 드렸
으니 그들의 여호와께 드린 예물은 덮
개 있는 수레 여섯과 소 열 둘이니 족
장 둘에 수레가 하나씩이요 하나에 소
가 하나씩이라 그것들을 장막 앞에 드
린지라

예배드리며 살라

민수기 7장에서 9장은 예배를 드리는 삶에 대해 말씀하고 있습니다. 이스라엘의 지도자들이 성막을 위하여 드리는 예물(민 7:1-89)과 레위인들을 위하여 세우는 위임예배(민 8:1-26), 그리고 유월절 축하(민 9:1-14)와 같이 예배를 통한 구별된 삶을 가르치고 있습니다.

먼저 7장부터 살펴보십시다.

지도자들의 예물

황소와 수레

이스라엘의 지도자들이 성막을 위하여 드리는 예물에 대해 기록해 놓았습니다. 각 지파의 족장들은 레위인들이 이동하는 데에 필요한 황소와 수레를 헌물했는데, 하나님께서는 성전사역에 필요한 것들은 백성들이 헌물해서 사용하라고 하셨습니다.

"모세가 장막 세우기를 필하고 그것에 기름을 발라 거룩히 구별하고 또 그 모든 기구와 단과 그 모든 기구에 기름을 발라 거룩히 구별한 날에 이스라엘 족장들 곧 그들의 종족의 두령들이요 그 지파의 족장으로서 그 계수함을 입은 자의 감독된 자들이 예물을 드렸으니 그들의 여호와께 드린 예물은 덮개 있는 수레 여섯과 소 열둘이니 족장 둘에 수레가 하나씩이요 하나에 소가 하나씩이라 그것들을 장막 앞에 드린지라 여호와께서 모세에게 일러 가라사대 그것을 그들에게서 받아 레위인에게 주어 각기 직임대로 회막 봉사에 쓰게 할지니라"(민 7:1-5).

이것은 오늘날의 십일조와 같은 것입니다. 백성들이 레위인들의 생계를 위해 십일조를 내고, 레위인들은 다시 자기들의 십일조를 제사장에게 바쳤습니다. 이들이 다른 생업에 종사하지 않고 하나님께 드리는 예배 인도에 전념할 수 있도록 하기 위한 것입니다. 유대인들은 하나님의 종들이 하나님의 일에만 전념을 하도록 만들 책임이 있었습니다.

레위 지파 사람들도 그들이 하는 일에 따라서 필요한 것들이 달랐습니다. 그래서 그들은 각 족장들이 드린 예물을 산술적으로 나눈 것이 아니라 필요에 따라 다르게 나누어 가졌습니다.

"모세가 수레와 소를 받아 레위인에게 주었으니 곧 게르손 자손들에게는 그 직임대로 수레 둘과 소 넷을 주었고 므라리 자손들에게는 그 직임대로 수레 넷과 소 여덟을 주고 제사장 아론의 아

들 이다말로 감독케 하였으나 고핫 자손에게는 주지 아니하였으
니 그들의 성소의 직임은 그 어깨로 메는 일을 하는 까닭이었더
라"(민 7:6-9).

회막이 완성되자마자 각 지파의 지도자들은 수레 여섯 대와 그 수
레를 끌어줄 소 열두 마리를 가져와 게르손 자손들과 므라리 자손들
이 분해한 회막과 물건들을 운반하게 하는 데에 썼습니다. 그러나 고
핫 자손들은 회막의 기구들을 직접 어깨에 메고 운반했기 때문에 수
레와 소가 필요하지 않았으므로 주지 않았습니다. 레위인들의 필요
에 따라 나누어 준 것입니다.

제단용 예물

민수기 7:10-83에는 제단용 예물에 관한 이야기가 나옵니다. 그런
데 그 내용을 자세히 살펴보면, 제단용 예물을 드리는 데 있어서는 열
두 지파가 모두 같은 양의 예물을 드려 회막에서 예배를 드릴 때에 동
일한 권리를 가질 수 있도록 한 것을 알 수 있습니다.

그래서 번거롭기는 하지만 똑같은 내용의 예물에 관한 것을 열두
번에 걸쳐 서술하는 정확성을 보여 주었습니다. 권리를 똑같이 하기
위해서는 책임 역시 같아야 한다는 것을 보여 주기 위한 것이었습니
다. 그래서 예물을 드린 족장의 이름만 다를 뿐 똑같은 내용이 83절까
지 반복되고 있습니다.

"여호와께서 모세에게 이르시기를 족장들은 하루 한 사람씩 단
의 봉헌 예물을 드릴지니라 하셨더라 제 일일에 예물을 드린 자

는 유다 지파 암미나답의 아들 나손이라 그 예물은 성소의 세겔 대로 일백삼십 세겔 중 은반 하나와 칠십 세겔 중 은바리 하나라 이 두 그릇에는 소제물로 기름 섞은 고운 가루를 채웠고 또 십 세겔 중 금숟가락 하나라 그것에는 향을 채웠고 또 번제물로 수송아지 하나와 수양 하나와 일 년 된 어린 수양 하나이며 속죄 제물로 수염소 하나이며 화목 제물로 소 둘과 수양 다섯과 수염소 다섯과 일 년 된 어린 수양 다섯이라 이는 암미나답의 아들 나손의 예물이었더라"(민 7:11-17).

예물의 내용을 보면 소제물로 쓸 기름 섞은 고운 가루를 채운 은쟁반 한 개와 은그릇 하나, 향을 가득 담은 금숟가락, 번제물로 수송아지, 숫염소, 일 년 된 숫양 한 마리씩, 속죄제로 숫염소 한 마리, 화목 제물로 황소 두 마리, 숫양 다섯 마리, 숫염소 다섯 마리, 일년 된 숫양 다섯 마리 등을 드렸습니다.

이러한 예물을 각 지파마다 바치게 되어 있었다는 것을 반복적으로 설명하는 것은 어떻게 보면 아주 지루하고 시간 낭비처럼 보입니다. 그러나 하나님께서는 세심한 배려를 하신 것입니다. 어느 부족에게 대표성을 부여하지 않고 다 기록함으로써 그것이 동일한 권리를 뜻하는 것이었다는 것을 영원한 기록으로 남겨 놓으셨습니다.

하나님 앞에 드린 예물도 이와 같을 것입니다. 한 번 드린 것은 영원히 기록으로 남아서 드렸다는 것을 알 수 있도록 해 두었을 것입니다. 그러므로 **미래를 생각하는 사람은 곧 현재를 잘 사는 사람입니다.** 미래는 오늘의 연속입니다. 다가오는 미래가 바로 오늘이기 때문에 미래에 어떻게 하겠다는 것은 오지 않은 시간에 대해 말하는 것입니다.

교회를 위해 수고한 것을 하나님께서는 다 기록하고 계십니다. 느헤미야서에 기록된 것을 보면 2,500년이 넘은 기록인데도 성벽을 쌓을 때에 누가 무엇을 하고 누가 어떤 부분을 맡아 했으며 어떤 족속들은 그 역사에 동참하지 않았는가 하는 것까지 자세하게 써 놓았습니다.

우리도 하나님 앞에 가서 보면 우리가 한 일과 하지 않은 일들을 기록해 두신 것을 볼 수 있을 것입니다. 그러니 인간적으로 사람의 눈을 의식해서 어떤 일을 할 것이 아니라 철저하게 하나님만을 바라보며 해야 합니다. 사람의 기억은 흐릿하고 시간이 지나면 잊혀지지만 하나님의 기억과 기록은 없어지거나 흐려지지 않습니다.

예물들의 합계

계속해서 7:84-88까지는 그 때까지 바친 것을 종합해서 합계를 내 놓은 것을 볼 수 있습니다.

"이는 곧 단에 기름 바르던 날에 이스라엘 족장들이 드린 바 단의 봉헌 예물이라 은반이 열둘이요 은바리가 열둘이요 금숟가락이 열둘이니 은반은 각각 일백 삼십 세겔 중이요 은바리는 각각 칠십 세겔 중이라 성소의 세겔대로 모든 기명의 은이 도합이 이천 사백 세겔이요 또 향을 채운 금숟가락이 열둘이니 성소의 세겔대로 각각 십 세겔 중이라 그 숟가락의 금이 도합이 일백이십 세겔이요 또 번제물로 수송아지가 열 둘이요 수양이 열둘이요

일 년 된 어린 수양이 열둘이요 그 소제물이며 속죄 제물로 수염
소가 열둘이며 화목 제물로 수소가 이십사요 수양이 육십이요
수염소가 육십이요 일 년 된 어린 수양이 육십이라 이는 단에 기
름 바른 후에 드린 바 단의 봉헌 예물이었더라"(민 7:84-88)

그리고 마지막 89절에 보면 하나님께서 증거궤 위 속죄소 위의 두
그룹 사이에서 모세를 만나 말씀을 하시는 장면이 나옵니다. 이곳은
모세만 들어갈 수 있는 장소였습니다.

"모세가 회막에 들어가서 여호와께 말씀하려 할 때에 증거궤 위
속죄소 위의 두 그룹 사이에서 자기에게 말씀하시는 목소리를
들었으니 여호와께서 그에게 말씀하심이었더라."

증거궤 위 속죄소 위의 두 그룹(천사) 사이는 하나님이 친히 임재하
시는 곳입니다. 그곳은 거룩한 곳이며, 지성소 중의 지성소입니다. 하
나님은 그곳에서 직접 모세를 대면하여 말씀을 하셨습니다. 레위 지
파에 많은 제사장들이 있지만 증거궤 위에서 하나님을 대면할 수 있
는 사람은 오직 모세뿐이었습니다. 이것은 모세만의 특유한 위치를
강조해 줍니다.

금등대

민수기 8:1-4 사이에 금등대에 관한 이야기가 나옵니다. 히브리어

로 '메노라' 라고 하는 이 금등대는 오늘날까지도 유대교를 상징하는 것으로 남아 있습니다. 이 금등대는 하나님의 지시대로 만들었는데 줄기뿐만 아니라 꽃잎 모양 받침도 모두 망치로 두드려서 만들었습니다.

> "여호와께서 또 모세에게 일러 가라사대 아론에게 고하여 이르라 등을 켤 때에는 일곱 등잔을 등대 앞으로 비취게 할지니라 하시매 아론이 그리하여 등불을 등대 앞으로 비취도록 켰으니 여호와께서 모세에게 명하심과 같았더라 이 등대의 제도는 이러하니 곧 금을 쳐서 만든 것인데 밑판에서 그 꽃까지 쳐서 만든 것이라 모세가 여호와께서 자기에게 보이신 식양을 따라 이 등대를 만들었더라"(민 8:1-4).

오늘의 유대인들은 이 등을 창 앞에 켜 두기 때문에 그 집이 유대인의 집이라는 것을 금방 알 수 있습니다. 이것은 유대인을 상징하는 것이었으므로 하나하나를 하나님께서 직접 지시를 하셨고, 등불의 관리는 아론과 그 아들들이 했습니다.

이 불은 이스라엘 열두 지파를 상징하는 12개의 진설병이 있는 떡상을 향하여 밝혀졌는데 그 의미는 이스라엘을 향한 하나님의 지속적인 도움의 역사를 상징적으로 드러내는 것입니다.

등대 자체는 세상의 빛이신 예수님을 상징합니다. 등대의 재료인 금은 왕권을 나타냅니다. 그리고 거기에 새겨 넣은 꽃무늬는 예수님의 아름다우심을 상징하는 것입니다. 이렇게 등대 하나에도 예수님의 속성을 하나하나 상징해 두었습니다.

레위인들의 위임예배

6-26절 사이에는 레위인들의 안수식이라고 할 수 있는 위임식이 있습니다. 레위인들은 목회를 시작하기 전에 반드시 위임식을 거쳤습니다. 그 위임식의 내용은 오늘날 우리에게도 시사하는 바가 많습니다.

성결예식

6-7절은 레위인을 성결하게 하기 위해서 필요한 세 가지의 절차를 말하고 있습니다.

> "이스라엘 자손 중에서 레위인을 취하여 정결케 하라 너는 이같이 하여 그들을 정결케 하되 곧 속죄의 물로 그들에게 뿌리고 그들로 그 전신을 삭도로 밀게 하고 그 의복을 빨게 하여 몸을 정결케 하고."

레위인들의 성결 예식은 세 단계로 진행되었는데 각각 의미하는 바가 있습니다. 그것을 하나씩 살펴보면 다음과 같습니다.

"속죄의 물로 그들에게 뿌리고" – 깨끗한 영

레위인들은 하나님의 일을 하는 사람들이었기 때문에 깨끗한 영을 위해서 성결의 물을 뿌리는 성결 예식을 거행했습니다. 몸에 병이 있던 사람은 그 몸이 나으면 제사장에게 가서 몸을 보이고 제사장은 이 속죄의 물을 그에게 뿌려서 정결하게 되었음을 선포하게 되어 있었습니다. 속죄의 물이란 제사장들이 제사를 드리기 위해 성소에 들어가기 전에 자신들의 죄를 정결케 하기 위해서 성소에 마련된 놋그릇에서 따로 떠서 씻는 물을 말합니다.

오늘날 우리가 세례를 받을 때에 물을 뿌리는 것도 정결하게 되었다는 것을 상징하기 위한 예식인 것입니다.

침례교회에서는 물 속에 완전히 잠기는 침례를 베푸는데 그저 물을 뿌리기만 하는 장로교의 세례를 인정하지 않습니다. 그래서 장로교인이었다가 침례교인이 되려면 목사님도 다시 침례를 받아야만 합니다. 이처럼 장로교에서는 침례교의 침례를 인정해 주는데 침례교에서는 인정하지 않는 것 때문에 간혹 문제가 발생하기도 합니다.

그러나 엄밀한 의미에서 보면 침례교의 침례와 장로교의 세례는 그 뜻이 다릅니다. 그래서 그 차이를 잘 이해해야 합니다. 같은 개념으로 해석을 하면 서로에게 오해가 생길 수 있게 되는 것입니다.

장로교에서는 예수를 믿는 그 순간에 예수 그리스도의 보혈의 피로 죄사함을 받았다는 제사장적인 선포를 하는 상징으로서 물을 뿌리는 것입니다. 그런데 침례교회에서는 이 점을 인정하지 않습니다. 침례처럼 물 속에 완전히 잠겼다가 다시 나오는 것이 예수님의 죽으심과 부활을 상징하며, 죄에 대해 죽고 의에 대해 다시 산다고 믿기 때문에 침례교회에서는 침례를 받지 않으면 예수님의 모범을 따르지 않는 것으로 생각하고 비성경적이라고 여기는 것입니다.

그러나 침례와 세례의 차이를 인정한다면 그런 오해가 일어나지 않을 것입니다.

"그들로 그 전신을 삭도로 밀게 하고" - 깨끗한 몸

그 다음에는 깨끗한 몸을 위해서 전신에 삭도를 대서 면도를 했습니다. 그래서 몸의 모든 터럭을 깨끗하게 밀어버렸습니다. 성결의 세례를 통해 그 영이 깨끗하게 된 뒤에는 면도와 목욕을 통해 그 몸을 깨끗하게 했습니다.

"그 의복을 빨게 하여" - 깨끗한 옷

그리고 깨끗한 옷을 입어야 했으므로 옷은 전부 세탁했습니다. 속사람(영)이 깨끗케 되고 그 몸이 깨끗하게 된 뒤에는 그 의복도 깨끗하게 했습니다. 겉만 깨끗하고 속사람이 더러운 것은 나쁜 일입니다. 마찬가지로 그 속사람이 깨끗하게 되었다면 겉모양과 옷차림도 단정하고 깨끗하게 할 필요가 있는 것입니다.

제 생각에는 지금도 하나님의 일을 하는 예식을 거행할 때에는 이 레위인들의 위임식의 모범을 따라서 하는 것이 좋을 것이라고 생각됩니다.

제물 봉헌

8절에 보면 제물도 세 가지를 바치게 되어 있었습니다.

> "또 그들로 수송아지 하나를 번제물로, 기름 섞은 고운 가루를 그 소제물로 취하게 하고 그 외에 너는 또 수송아지 하나를 속죄제물로 취하고."

레위인들은 번제물과 소제물, 속죄물을 바쳤습니다. 번제물로는 수송아지를 바치고, 소제물로 곡식 제물을, 그리고 속죄물로 수송아지를 바쳐야 했습니다. 번제물은 전적인 헌신을 의미하는 제물로 온전히 주 앞에 드려지는 제물입니다. 소제물은 자신을 하나님 앞에 향기로운 제물로 바치는 것을 의미하는 것입니다. 속죄물을 드리면서는 구체적으로 범한 죄들과 죄성을 하나님 앞에서 없애기 원하면서 드렸습니다.

헌신 예식

번제물, 소제물, 속죄물을 바쳤을 뿐만 아니라 레위인들 스스로는 요제로 드려졌습니다.

> "레위인을 회막 앞에 나오게 하고 이스라엘 자손의 온 회중을 모으고 레위인을 여호와 앞에 나오게 하고 이스라엘 자손으로 그들에게 안수케 한 후에 아론이 이스라엘 자손을 위하여 레위인을 요제로 여호와 앞에 드릴지니 이는 그들로 여호와를 봉사케 하기 위함이라"(민 8:9-11).

위임식은 이처럼 시간이 걸리는 과정을 거쳐야 했습니다. 하나님을 섬기는 사람으로 세워지는 과정은 결코 쉬운 일이 아니었습니다. 이들은 세 가지의 과정을 거쳐서 하나님 앞에 헌신 예식을 가졌습니다.

"레위인을 여호와 앞에 나오게 하고"

하나님을 섬긴다는 것은 결단을 의미합니다. 그리고 그 결단은 개인의 결단일 뿐만 아니라 공동체 앞에서의 결단이기도 합니다. 그래서 레위인들은 회막 앞에 서서 "이스라엘 자손의 온 회중"이 모인 가운데에서 헌신 예식을 가졌습니다.

"이스라엘 자손으로 그들에게 안수케 한 후에"

그리고 여기에는 마찬가지로 공동체적인 인정이 있었습니다. 하나님이 세우신 것을 이스라엘의 자손들 앞에서 각 부족의 대표들이 안수함으로써 그들의 권위와 헌신을 인정받도록 한 것입니다.

"레위인을 요제로 여호와 앞에 드릴지니"

여기서 말하는 요제는 손짓을 하는 것을 말합니다. 어떤 손짓을 했는지에 대해서는 구체적으로 나오지 않아서 알 수가 없습니다. 그러나 분명한 것은 이제 레위인들은 이스라엘 자손들을 대표하여 그들 스스로가 하나님 앞에 드려진 제물이 되었다는 사실입니다. 그들이 요제로 하나님 앞에 드려지는 과정을 통해 그들은 이스라엘 공동체와 하나님 앞에 인정을 받게 된 것입니다.

레위인의 답례

위의 순서가 끝나고 나면 레위인들의 답례가 있습니다.

> "레위인으로 수송아지들의 머리에 안수케 하고 네가 그 하나는 속죄 제물로, 하나는 번제물로 여호와께 드려 레위인을 속죄하고 레위인을 아론과 그 아들들 앞에 세워 여호와께 요제로 드릴지니라 너는 이같이 이스라엘 자손 중에서 레위인을 구별하라

그리하면 그들이 내게 속할 것이라 네가 그들을 정결케 하여 요제로 드린 후에 그들이 회막에 들어가서 봉사할 것이니라"(민 8:12-15).

먼저, 레위인들의 대표가 번제와 속죄제로 수송아지를 바쳤습니다. 그리고 레위인들은 아론과 제사장들에게 제물을 바쳤습니다. 이 두 가지가 끝나고 나면 비로소 레위인들은 성막의 사역을 감당할 수 있게 되었습니다.

레위인의 소속

16-19절에는 레위인들의 소속에 대한 규정이 나옵니다. 레위인들은 각 지파의 장자 대신 하나님께 속한 자들이었습니다. 그래서 하나님은 레위인을 "내게 온전히 드린 바 된 자"(16절)라고 말씀하셨습니다. 또한 레위인은 하나님을 위해서 구별된 자들이기도 했습니다(17절).

"그들은 이스라엘 자손 중에서 내게 온전히 드린 바 된 자라 이스라엘 자손 중 일절 초태생 곧 모든 처음 난 자의 대신으로 내가 그들을 취하였나니 이스라엘 자손 중에 처음 난 것은 사람이든지 짐승이든지 다 내게 속하였음은 내가 애굽 땅에서 그 모든 처음 난 자를 치던 날에 내가 그들을 내게 구별하였음이라 이러므로 내가 이스라엘 자손 중 모든 처음 난 자의 대신으로 레위인을 취하였느니라"(민 8:16-18).

또, 레위인들은 제사장들에 속한 보좌관으로 일하는 사람들이었습니다.

19절을 보십시오.

> "내가 이스라엘 자손 중에서 레위인을 취하여 그들을 아론과 그 아들들에게 선물로 주어서 그들로 회막에서 이스라엘 자손을 대신하여 봉사하게 하며 또 이스라엘 자손을 위하여 속죄하게 하였나니 이는 이스라엘 자손이 성소에 가까이 할 때에 그들 중에 재앙이 없게 하려 하였음이라."

레위인들은 하나님께서 아론과 그 아들들에게 선물로 준 사람들이었는데 회막에 관한 업무와 속죄제물을 바치는 업무 등을 했으며 제사장을 도와서 속죄제로 바칠 짐승을 죽이고 각을 뜨기도 했습니다.

레위인들이 아닌 일반인들은 회막에 출입할 수 없었습니다. 만약 레위인 외의 일반인이 회막에 출입할 때에는 재앙이 일어났습니다. 그렇기 때문에 제사와 관계된 모든 일을 레위인들이 다 해야 했던 것입니다.

레위인의 사역 연령

레위인들은 25세에 사역을 하기 시작을 해서 5년 동안은 견습을 하고 30세가 되면 본격적으로 레위인으로서의 일을 할 수 있었습니다. 그리고 50세가 되면 은퇴를 해서 감독관 등 비교적 육체적으로 가벼운 사역에만 관여했습니다. 가장 건강한 때에 하나님의 일에 전력 투구를 하게 되어 있었던 것입니다.

"여호와께서 또 모세에게 일러 가라사대 레위인은 이같이 할지니 곧 이십오 세 이상으로는 회막에 들어와서 봉사하여 일할 것이요 오십 세부터는 그 일을 쉬어 봉사하지 아니할 것이나 그 형제와 함께 회막에서 모시는 직무를 지킬 것이요 일하지 아니할 것이라 너는 레위인의 직무에 대하여 이같이 할지니라"(민 8:23-26).

언제든지 주님이 부르시면 나이를 개의치 않고 주님을 섬기는 일을 하는 것도 좋은 것입니다. 그러나 가장 젊고 아름다운 나이에 주님을 섬기면서 일하는 것은 더욱 좋은 것입니다. 어느 일이나 그 일을 하기에 좋은 때가 있기 때문입니다.

유월절을 지키라

민수기 9장에는 유월절 예식 이야기가 나옵니다. 원래 유월절은 매년 1월 14일 저녁 때에 행하도록 되어 있었습니다. 유월절에 대한 가르침은 출애굽 후 제2년 1월에 주어졌습니다. 이것은 제1차 인구조사가 시작되기 직전의 일입니다.

"애굽 땅에서 나온 다음 해 정월에 여호와께서 시내 광야에서 모세에게 일러 가라사대 이스라엘 자손으로 유월절을 그 정기에 지키게 하라 그 정기 곧 이달 십사일 해질 때에 너희는 그것을 지키되 그 모든 율례와 그 모든 규례대로 지킬지니라"(민 9:1-3).

　유월절은 이스라엘이 애굽에서 나올 때에 하나님께서 애굽의 장자들은 죽이셨지만 이스라엘의 장자는 살리신 일을 기념하는 절기입니다. 그래서 유월절에는 양고기와 누룩을 넣지 않은 무교병과 쓴 나물을 먹어야 했습니다. 먹을 때에는 남기지 말고 먹어야 했으며 양의 뼈는 꺾지 않아야 했습니다.

　바로 유월절 양이 십자가에 달리신 예수님을 상징하기 때문입니다.

　그런데 만일 장례나 여행 등의 불가피한 이유로 불참하게 되면, 한 달 후인 2월 14일 저녁에 유월절을 지키게 되어 있었습니다. 하나님의 귀한 원리가 여기에도 적용되고 있는 것입니다.

> "이스라엘 자손에게 고하여 이르라 너희나 너희 후손 중에 시체로 인하여 부정케 되든지 먼 여행 중에 있든지 할지라도 다 여호와 앞에 마땅히 유월절을 지키되 이월 십사일 해질 때에 그것을 지켜서 어린 양에 무교병과 쓴 나물을 아울러 먹을 것이요"(민 9:10-11).

　하나님께서는 인간이 생활할 때에 일어날 수 있는 불가피성에 대한 융통성을 허락하셔서 언제나 하나님의 절기를 지킬 수 있도록 해 놓으신 것입니다. 규정을 엄격하게 해서 죄인을 양산해 내는 구조를 거부하시고, 어떤 상황에서도 그 사람이 다시 하나님의 법을 지킬 수 있는 길을 열어 놓는 배려를 하셨습니다.

　죽을 죄를 저지른 죄인에게도 도피성을 허락해 주시고 그곳으로 가는 길을 잘 닦아 놓아서 도망하는 데에 걸림돌이 없도록 했습니다. 그 길목을 정리하는 것은 제사장의 소관이었습니다. 그리고 죄인이 도망해서 제단의 뿔을 잡으면 그 죄인을 죽일 수 없도록 만들어 놓으셨습니다. 하나님은 실수한 죄인의 생명까지도 귀하게 여기시고 살 길을 마련해 주신 것입니다.

그러나 특별한 사유가 없이 유월절에 참여하지 않는 사람은 이스라엘 공동체에서 추방하게 되어 있었습니다. 그리고 정해져 있는 때에 하나님께서 제물을 바치지 않는 자신의 죄를 자신이 스스로 담당해야 했습니다.

> "그러나 사람이 정결도 하고 여행 중에도 있지 아니하면서 유월절을 지키지 아니하는 자는 그 백성 중에서 끊쳐지리니 이런 사람은 그 정기에 여호와께 예물을 드리지 아니하였은즉 그 죄를 당할지며"(민 9:13).

의도적으로 신앙을 저버리는 사람은 백성 중에서 끊쳐졌지만, 반대로 외국인이 유월절 행사에 참여하게 되면 유대인들과 똑같이 대우하였습니다.

> "만일 타국인이 너희 중에 우거하여 여호와 앞에 유월절을 지키고자 하면 유월절 율례대로 그 규례를 따라서 행할지니 우거한 자에게나 본토인에게나 그 율례는 동일할 것이니라"(민 9:14).

하나님이 사람을 대하는 속죄와 구원의 원리는 누구에게나 같습니다. 사람에 따라 다른 구원의 길이 있는 것이 아닙니다.

우리 나라에도 지금 많은 외국인들이 노동자로 한국에 들어와 있습니다. 우리가 그들을 대하는 것도 하나님의 기준에서 생각해야 합니다. 그들이 우리보다 가난한 나라에서 왔다거나 학식이 부족하다거나 문화가 다르다고 해서 그들을 우리보다 인간적으로 낮은 사람으로 취급하거나 그들의 노동력을 일방적으로 착취해서는 안 됩니다. 그들도 우리와 똑같은 사람으로, 하나님의 형상을 닮은 하나님의 사랑하시는 자로 그들을 대하는 것이 옳습니다.

하나님의 사랑과 구원은 그들과 우리 사이에 차별을 두고 계시지 않기 때문입니다.

하나님이 인도하신다

성막을 세운 날에 구름이 성막 곧 증거막을 덮었고 저녁이 되면 성막 위에 불 모양 같은 것이 나타나서 아침까지 이르렀으되 항상 그러하여 낮에는 구름이 그것을 덮었고 밤이면 불 모양이 있었는데 구름이 성막에서 떠오르는 때에는 이스라엘 자손이 곧 진행하였고 구름이 머무는 곳에 이스라엘 자손이 진을 쳤으니 이스라엘 자손이 여호와의 명을 좇아 진행하였고 여호와의 명을 좇아 진을 쳤으며 구름이 성막 위에 머무는 동안에는 그들이 유진하였고 구름이 장막 위에 머무는 날이 오랠 때에는 이스라엘 자손이 여호와의 명을 지켜 진행치 아니하였으며

혹시 구름이 장막 위에 머무는 날이 적을 때에도 그들이 다만 여호와의 명을 좇아 유진하고 여호와의 명을 좇아 진행하였으며 혹시 구름이 저녁부터 아침까지 있다가 아침에 그 구름이 떠오를 때에는 그들이 진행하였고 구름이 밤낮 있다가 떠오르면 곧 진행하였으며 이틀이든지 한 달이든지 일 년이든지 구름이 성막 위에 머물러 있을 동안에는 이스라엘 자손이 유진하고 진행치 아니하다가 떠오르면 진행하였으니 곧 그들이 여호와의 명을 좇아 진을 치며 여호와의 명을 좇아 진행하고 또 모세로 전하신 여호와의 명을 따라 여호와의 직임을 지켰더라

하나님이 인도하신다

불과 구름으로 인도하시는 하나님

하나님은 그 자녀들의 발걸음을 인도하십니다. 미래를 계획하시는 분도 하나님이시요, 그 미래를 향해 오늘의 발걸음을 옮기게 하시는 분도 하나님이십니다. 우리는 이러한 사실을 민수기를 통해서도 확인해 볼 수 있습니다.

민수기 9:15-23 사이에는 그 유명한 구름기둥과 불기둥 이야기가 나옵니다. 이스라엘 백성들의 길을 인도하는 이정표로 낮에는 구름기둥, 밤에는 불기둥이 나타났습니다.

> "성막을 세운 날에 구름이 성막 곧 증거막을 덮었고 저녁이 되면 성막 위에 불 모양 같은 것이 나타나서 아침까지 이르렀으되 항상 그러하여 낮에는 구름이 그것을 덮었고 밤이면 불 모양이 있었는데 구름이 성막에서 떠오르는 때에는 이스라엘 자손이 곧 진행하였고 구름이 머무는 곳에 이스라엘 자손이 진을 쳤으니

이스라엘 자손이 여호와의 명을 좇아 진행하였고 여호와의 명을 좇아 진을 쳤으며 구름이 성막 위에 머무는 동안에는 그들이 유진하였고"(민 9:15-18).

그런데 이 구름기둥, 불기둥은 해와 달처럼 규칙적으로 움직이는 것이 아니었습니다. 그것이 뜨고 움직이는 기한은 알 수가 없는 것입니다. 전적으로 하나님의 소관에 달려 있어서 예측을 할 수가 없었습니다. 정해진 기한이 없었기 때문에 그 불기둥과 구름기둥을 관찰해서 움직이는 대로 움직여야만 했습니다.

20-22절에 보면 짧은 기간 동안만 구름이 머물러 있을 때에도 그리고 아주 오랜 시간을 머물러 있을 동안에도 이스라엘 백성들은 그 구름의 동향에 따라 움직였음을 알 수 있습니다.

"혹시 구름이 장막 위에 머무는 날이 적을 때에도 그들이 다만 여호와의 명을 좇아 유진하고 여호와의 명을 좇아 진행하였으며 혹시 구름이 저녁부터 아침까지 있다가 아침에 그 구름이 떠오를 때에는 그들이 진행하였고 구름이 밤낮 있다가 떠오르면 곧 진행하였으며 이틀이든지 한 달이든지 일 년이든지 구름이 성막 위에 머물러 있을 동안에는 이스라엘 자손이 유진하고 진행치 아니하다가 떠오르면 진행하였으니"(민 9:20-22).

이스라엘 사람의 입장에서 보면 이 행진은 상당히 어려운 여정이었습니다. 구름의 움직임을 도무지 종잡을 수 없었기 때문에 어떤 일을 계획을 세워서 하기가 어려웠을 것입니다.

그러나 그것이 하나님의 인도하심을 따라 사는 사람들의 삶입니다. 하나님의 명령에 따라서 떠나기도 하고 정착하기도 하는 것이 하나님을 사랑하고 그 뜻대로 살겠다고 결심한 사람들의 삶의 기본적인 태도인 것입니다.

가끔은 예수님을 믿는 생활이 무료하게 느껴질 때가 있습니다. 그것은 하나님의 구름기둥이 너무 빨리 뜨거나 한 자리에 너무 오래 있기 때문입니다. 나는 그 자리에 계속 있고 싶은데 하나님은 떠나라고 하시거나, 나는 가고 싶은데 하나님은 서 있으라고 하실 때에 이런 문제가 생기는 것입니다. 하나님의 계획과 나의 계획이 맞아 떨어지지 않아서 생기는 문제입니다.

저에게도 그런 일이 있습니다. 하루하루가 너무 바쁘기 때문에 하나님께서 나를 좀 쉬게 해 주셨으면 좋겠다는 생각을 합니다. 그런데 만일 이런 부분에 초점을 잡고 있으면 그 다음에는 어떤 일도 하고 싶은 생각이 들지 않습니다. 모든 것이 귀찮고 힘들게 느껴집니다. 하나님께 반항하고 싶은 마음이 들 때도 있습니다. 일의 진행이 잘 되지 않고 좌절에 빠지기도 합니다.

그러나 같은 상황에서도 하나님의 뜻이니 기쁜 마음으로 하자고 생각하면 그 다음부터는 일을 생각하는 자세가 달라집니다. 같은 일인데도 재미를 느끼면서 할 수 있게 되는 것입니다. 하나님의 계획에 자기 목소리를 실어서 불평을 하게 되면 잘 할 수 있는 일도 잘 될 수 없게 됩니다. 하나님의 주권에 대한 철저한 공부와 훈련을 하지 않으면 같은 일도 불평하면서 하게 됩니다.

주님의 방법으로 주님이 가라는 곳에서 주님의 일을 하겠다는 마음을 가지고 일을 하는 사람은 실패하지 않습니다. 자신의 머리와 자신의 판단을 믿기 때문에 일이 더 늦어지고 힘들어지는 것입니다. 하나님이 가리키시는 방향으로만 나아간다면 절대로 늦지도 이르지도 않습니다.

하나님께 순종하면서 사는 삶은 안락한 것입니다. 그래서 나를 인도하시는 하나님을 생각하면 마음이 언제나 뜨거워지는 사람으로 살아야 합니다.

은나팔로 인도하시는 하나님

민수기 10장에서는 은나팔로 자기 백성을 인도하시는 하나님을 만날 수 있습니다. 은나팔은 사람들을 집합시키거나 하나님의 도움을 구하는 두 가지의 용도로 사용되었습니다.

> "여호와께서 모세에게 일러 가라사대 은나팔 둘을 만들되 쳐서 만들어서 그것으로 회중을 소집하며 진을 진행케 할 것이라"(민 10:1-2).

은나팔은 하나님의 백성들을 집합시킬 때와 하나님의 백성들이 하나님의 도움이 필요하면 불도록 사용되었습니다. 따라서 레위기에 나오는 희년의 나팔과는 용도가 다른 것이었습니다. 본문에 나오는 은나팔은 광야에서 하나님께서 인도하시고 축복하신다는 사실에 대한 기념이었습니다.

사람을 부르는 은나팔

은나팔은 회중들을 소집하는 데 사용되었습니다. 집합신호로 은나팔이 사용된 것입니다. 두 나팔을 동시에 불면 모든 회중이 성막 앞으로 모였고 하나만 불면 지도자들만 모였습니다.

> **"두 나팔을 불 때에는 온 회중이 회막문 앞에 모여서 네게로 나아올 것이요 하나만 불 때에는 이스라엘 천부장된 족장들이 모여서 네게로 나아올 것이며"(민 10:3-4).**

또한 이 은나팔은 행진의 신호로 사용되었습니다. 나팔소리에 따라 동서남북의 진영이 출발하였습니다.

> **"너희가 그것을 울려 불 때에는 동편 진들이 진행할 것이고 제이차로 울려 불 때에는 남편 진들이 진행할 것이라 무릇 진행하려 할 때에는 나팔 소리를 울려 불 것이며"(민 10:5-6).**

그러므로 백성들을 움직이기 위해 지도자는 나팔을 분명하게 불어야 했습니다. 방향 제시가 분명해야만 백성들이 어느 쪽으로 어떻게 행동해야 할지 알 수 있었기 때문이었습니다. 리더와 따르는 사람들 사이에 정확한 합의가 있어야만 은나팔을 제대로 사용할 수 있었을 것입니다.

이 나팔을 불 수 있는 사람은 아론의 자손인 제사장들이었습니다. 지도자는 방향제시를 정확하게 해야 합니다.

> "그 나팔은 아론의 자손인 제사장들이 불지니 이는 너희 대대에 영원한 율례니라"(민 10:8).

하나님께 호소하는 은나팔

그리고 9-10절에 보면 하나님께 호소하는 데에도 이 은나팔이 사용되었습니다. 전쟁에 나갈 때에는 예고 신호로 나팔을 불면 하나님께서 그 소리를 들으시고 구원해 주셨습니다. 접전의 때에는 하나님께 도움을 호소하는 나팔을 불었습니다. 그러면 그 백성의 부르짖는 소리를 들으시고 하나님께서 구원의 손길을 펴시겠다고 약속하셨습니다.

> "또 너희 땅에서 너희가 자기를 압박하는 대적을 치러 나갈 때에는 나팔을 울려 불지니 그리하면 너희 하나님 여호와가 너희를 기억하고 너희를 너희 대적에게서 구원하리라"(민 10:9).

믿는 사람들이 전쟁을 할 때, 자신들이 무기를 들고 적을 맞아 싸우는 것 같지만 실제로는 하나님께서 그들을 대신하여 싸우는 것입니다. 우리들이 부르는 찬송가에도 우리를 대신하여 싸우는 하나님의 장수(將帥) 되심에 대한 찬양이 있지 않습니까?

그렇다고 해서 하나님의 백성들은 가만히 있고 하나님만 싸우는 것이 아니라 백성들도 전장으로 뛰어나가 직접 싸우면서 하나님께 도움을 구해야 합니다. 인간의 책임성과 하나님의 주권성은 항상 함께 가는 것입니다. 그래서 하나님의 백성은 기도하면서 일하고, 일하면서 기도해야 합니다.

박윤선 목사님의 자서전에는 이런 구절이 있습니다.
목사님께서 젊은 날에는 기도할 때 '저는 아무것도 할 수 없사오니 주님께서 알아서 다 해 주십시오' 라고 하셨다고 합니다. 그런데 나중에 '주님의 뜻대로 해 주옵소서' 하고 가만히 있으면 자기 자신은 게을러진다는 사실을 깨달았습니다. 그래서 자신도 열심히 일하면서 하나님의 도움을 구하는 쪽으로 기도가 바뀌었다고 합니다.

기도가 힘이 있으려면 간절한 마음으로 기도하면서 동시에 자신도 열심히 일해야 합니다. 우리 나라에는 장로교인들이 많아서 하나님의 절대 주권에 대해서 많은 강조를 합니다. 물론 그것은 옳은 관점입니다. 그러나 그것만이 전부가 아닙니다. 하나님께서 절대적인 주권을 행사하시는 방법에는 인간의 노력도 포함되는 것입니다.

여호수아 1장을 보면 하나님께서 이미 이스라엘 백성들이 원하는 땅을 다 그들의 손에 붙였다고 말씀하십니다. 하나님께서 너와 함께 하시므로 어디를 가든지 너를 감당할 사람이 없으니 강하고 담대하라고 합니다. 그런데 일단은 너의 발로 걸어 들어가야 한다고 말씀하십니다. 하나님의 축복과 사람의 행함이 함께 있어야만 하나님의 역사가 이루어지는 것입니다.
사울의 죽음도 마찬가지입니다. 사무엘서에서는 사울이 자살했다고 기록되어 있는데 열왕기상에서는 하나님께서 죽였다고 말하고 있습니다. 이것은 전혀 다른 이야기처럼 보이지만 실은 같은 이야기입니다. 인간의 책임과 하나님의 주권이 함께 행한 일이 사울의 죽음이었던 것입니다. 이것은 동전의 양면과 같습니다.

따라서 하나님의 절대적인 주권에 대해서는 우리가 걱정할 것이 없습니다. 하나님께 도움을 구하면서 뛰어나가면 되는 것입니다. 그 다음에는 우리가 어떻게 행하는가에 달려 있습니다.

예정론을 믿는 사람들은 상대적으로 인간의 책임 부분을 소홀하게 생각할 수도 있습니다. 하나님이 모든 것을 하시기 때문에 내가 할 것은 없다고 생각하는 것입니다.

그러나 그것은 틀린 생각입니다. 하나님께서는 분명히 예정을 하신 바가 있지만 우리가 그것까지 예상하고 일을 하려고 할 필요는 없습니다. 하나님의 예정하신 바는 물론 따로 있을 것이지만 그것 때문에 움츠려들 필요가 없습니다. 예정은 하나님이 하실 일이고 사람은 자기 자신에게 주어진 일만을 충실하게 하면 되는 것입니다.

한번은 개혁주의실행협회 총회로 모일 때에 논문을 하나 발표했는데, 제목이 "예정론의 목회학적 재고"였습니다. '목회에서 예정론을 어떻게 사용하는가?' 라는 문제를 다룬 것으로, 주된 내용은 '절대적인 하나님의 주권과 인간의 책임 사이에서 목회자는 어떻게 해야 할 것인가?' 라는 문제였습니다.

결론은 간단합니다. 목회자는 하나님이 하실 일에 대해서는 아무것도 걱정하지 않아도 됩니다. 다만 자기에게 맡겨진 일만 충실하게 책임을 지면 되는 것입니다. 마음으로 믿고 입으로 고백을 하면 누구나 구원을 받게 되어 있습니다. 그렇게 구원을 받고 나서 성경을 보니까 하나님께서 나를 만세 전부터 선택하셔서 예정해 두셨다는 것을 알게 되는 것입니다. 그래서 내가 믿어서 된 것이 아니고 하나님께서 만세 전부터 나를 선택하셨다는 것을 신앙으로 고백하고 감격하게 되는 것입니다.

예정론은 구원받은 사람을 위한 것입니다. 사람들이 복음을 전할 생각은 하지 않고 하나님의 예정론 운운한다면 그것은 예정론을 잘못 적용하고 있는 것입니다. 복음을 전하기 전에는 예정론을 운운할 필요조차 없습니다.

우리가 무엇을 하든지 은나팔을 불면서 하나님의 도움을 구하고 적을 향하여 뛰어나갈 때에 하나님의 은혜가 함께하는 것입니다.

다윗은 골리앗과 싸울 때에 "너는 검과 창을 가지고 나에게 오지만 나는 살아계신 여호와의 이름으로 너에게 가노라" 하면서 담대하게 나가지 않았습니까? 골리앗에게 돌을 던진 것은 어린 다윗이었지만 그 돌멩이가 골리앗을 쓰러뜨릴 수 있도록 만든 분은 하나님이셨습니다. 하나님의 주권과 다윗의 노력이 골리앗을 쓰러뜨리고 이스라엘을 승리로 이끌었던 것입니다.

축제의 은나팔

축제의 기쁨을 알리기 위해서도 은나팔을 사용하고 있으며 축제시에 하나님께 제물을 드릴 때에도 사용되었습니다.

10절을 보겠습니다.

> "또 너희 희락의 날과 너희 정한 절기와 월삭에는 번제물의 위에
> 와 화목 제물의 위에 나팔을 불라 그로 말미암아 너희 하나님이
> 너희를 기억하리라 나는 너희 하나님 여호와니라."

축제의 예물을 드릴 때는 은나팔의 밝은 소리로 기쁨을 표시합니
다. 기쁨은 기쁨대로 슬픔은 슬픔대로 표현할 필요가 있습니다.
그리고 이런 축제의 나팔 소리는 평상시에 예배를 드릴 때에도 사
용되었습니다. 헌금을 드릴 때에나 다른 순서를 진행할 때에도 하나
님께 좋은 소리를 들려 드리는 것이 다 이런 기쁨의 표시라고 할 수
있습니다.

하나님은 우리를 인도하시는 분이십니다. 출애굽 때 자기 백성을 인
도하셨던 것처럼 불기둥과 구름기둥으로 인도하시는 하나님이십니
다. 그 백성의 가야 할 때와 서야 할 때를 가장 잘 아시는 분이 바로 전
지전능하신 우리의 하나님이십니다. 그러므로 우리는 우리의 인생길
을 인도하는 불기둥과 구름기둥을 잘 바라보아야 합니다. 하나님이
서라고 하실 때와 가라고 하실 때를 잘 분별해야 합니다.

하나님은 은나팔소리로 우리를 인도하시는 분이십니다. 자기 백성
을 부를 때 은나팔을 높이 불게 하십니다. 하나님이 부르시는 나팔소
리에 귀 기울이고 깨어 있어야 합니다. 하나님의 음성에 세미하게 귀
기울이고 있어야 합니다.

또한 하나님은 우리의 나팔소리를 들으시는 하나님이십니다. 어디에 있든지 우리가 어떤 일을 당하든지 자기 백성의 나팔소리를 들으시는 하나님이십니다. 환난과 고통에 빠졌을 때 하나님께 기도의 나팔을 높이 부십시오.

그러면 출애굽의 하나님, 광야에서 자기 백성을 인도하셨던 하나님, 그 하나님이 오늘 동일하게 우리의 발걸음을 인도하실 것입니다.

불평에는 전염성이 있다

백성이 여호와의 들으시기에 악한 말로 원망하매
여호와께서 들으시고 진노하사 여호와의 불로 그
들 중에 붙어서 진 끝을 사르게 하시매 백성이 모
세에게 부르짖으므로 모세가 여호와께 기도하니
불이 꺼졌더라 그곳 이름을 다베라라 칭하였으니
이는 여호와의 불이 그들 중에 붙은 연고였더라
이스라엘 중에 섞여 사는 무리가 탐욕을 품으매
이스라엘 자손도 다시 울며 가로되 누가 우리에게
고기를 주어 먹게 할꼬 우리가 애굽에 있을 때에
는 값 없이 생선과 외와 수박과 부추와 파와 마늘
들을 먹은 것이 생각나거늘 이제는 우리 정력이
쇠약하되 이 만나 외에는 보이는 것이 아무 것도
없도다 하니 만나는 깟씨와 같고 모양은 진주와
같은 것이라 백성이 두루 다니며 그것을 거두어
맷돌에 갈기도 하며 절구에 찧기도 하고 가마에
삶기도 하여 과자를 만들었으니 그 맛이 기름 섞
은 과자맛 같았더라 밤에 이슬이 진에 내릴 때에
만나도 같이 내렸더라

불평에는 전염성이 있다

출애굽을 한 후 1년 동안 하나님은 시내 산에 계시면서 이스라엘 자손들을 준비시키셨습니다. 그 동안 성막을 만들게 하셨고, 예배의식과 절기들을 정하셨으며, 인구조사를 하게 하셨습니다.

이스라엘의 시내산 출발

민수기 10:11에서는 1년 동안의 모든 준비를 완료하고 시내산에서 다시 출발을 하는 모습이 나옵니다.

> **"제 이 년 이 월 이십 일에 구름이 증거막에서 떠오르매 이스라엘 자손이 시내 광야에서 출발하여 자기 길을 행하더니 바란 광야에 구름이 머무니라"(민 10:11-12)**

이스라엘 백성들은 출애굽한 지 제2년 2월 20일에 시내산을 출발하여 바란 광야에 다다랐습니다. 바란 광야는 시내 반도 북쪽에 있는 넓은 광야였는데 이스라엘 자손들은 이곳에서 잠시 머물렀습니다.

출발할 때에 이스라엘 백성들은 유다 지파를 선두로 부족기를 앞세우고 행진을 하였습니다.

> "이와 같이 그들이 여호와께서 모세로 명하신 것을 좇아 진행하기를 시작하였는데 수두로 유다 자손 진 기에 속한 자들이 그 군대대로 진행하였으니 유다 군대는 암미나답의 아들 나손이 영솔하였고 잇사갈 자손 지파의 군대는 수알의 아들 느다넬이 영솔하였고 스불론 자손 지파의 군대는 헬론의 아들 엘리압이 영솔하였더라"(민 10:13-16)

유다는 아버지 야곱이 노쇠하여 리더십이 약화되었을 때 아버지를 대신하여 그의 지도력을 발휘했습니다. 그래서 막내 베냐민과 형제들을 무사히 구한 후 실질적인 리더가 되었습니다. 그 이후로 계속해서 유다 지파는 12지파 중에서 선두 자리를 지키게 되었습니다.

어려울 때에야 진정한 지도자의 면모를 볼 수 있게 됩니다. 전쟁터에서 명장이 나오고, 풍랑을 만나야 배를 지휘하는 선장의 진면목을 볼 수 있는 것과 같은 이치입니다.

위기야말로 절호의 기회입니다.

어려움을 당하면 그 자리에서 그대로 넘어지는 사람이 있습니다. 최근에도 그런 일이 일어난 적이 있는데, 두 목사님께서 대화를 하다가 한쪽 목사님이 다른 목사님을 약간 무시하는 듯한 말을 했습니다. 그러자 무시함을 당한 목사님 쪽에서 인간적인 분노를 폭발하셨습니다. 사실 그것은 신앙의 성숙함과 영적인 성숙함이 나타날 수 있는 절호의 기회일 수도 있었는데 그분은 지금까지의 훈련이 한꺼번에 무너져 버리는 계기로 사용한 것입니다. 그래서 '이제까지 신학교를 다니고 훈련을 받은 것이 모두 헛것'이라는 것을 드러내고 말았습니다.

나중에 후회해야 그 때는 되돌릴 수가 없게 됩니다. 이미 자신의 모습을 다 드러낸 후이기 때문에 다시 쓸어담을 수가 없게 되어 버린 것입니다. 그 목사님도 얼마 후에는 사과를 했지만 그 때는 이미 자신의 인격을 덮기에 늦어버린 시간이었습니다.

그 일이 있은 후에 그 목사님이 저를 찾아와서 걱정을 했습니다. 저는 그분에게 말씀 드리기를 "저도 바로 그 목사님께 똑같은 일을 당한 적이 있습니다. 그러나 저는 그저 못 들은 척하고 넘어갔습니다. 그렇게 하는 것이 쉬운 일은 아니었습니다만 그것이 저에게는 위기를 넘는 일이었습니다"라고 대답을 했습니다. 위기가 때로는 절호의 기회로 작용하게 되는데 저에게는 그 때가 바로 그런 기회였던 것입니다.

유다 지파가 대대로 선두 지파가 될 수 있었던 것도 그의 조상 유다가 위기를 아주 지혜롭게 극복했기 때문이었습니다. 유다는 네 번째 지파였음에도 불구하고 그 후로 선두에 서는 지파가 되었고 이스라엘의 왕가가 될 수 있었던 것입니다.

계속해서 14-28절까지를 보면 행진을 하는 배열이 여호와께서 초기에 지시하신 것과 같다는 것을 알 수 있습니다. 먼저 유다 진영이 선두에 섰습니다. 그들이 출발한 후 레위 지파인 게르손 자손과 므라리 자손이 장막의 막을 벗기고 그 뒤를 따랐습니다. 그 다음에는 르우벤 진영, 그 뒤에 고핫 자손이 법궤와 장막의 여러 가지 성물들을 메고 출발했습니다.

고핫 자손들은 늦게 출발을 했는데 그 이유는 고핫 자손이 도착하기 전에 게르손 자손과 므라리 자손이 장막을 새로운 곳에 세울 시간을 주기 위해서였습니다. 그리고 나서 에브라임 진영이 그 뒤를 따랐고 마지막으로 단 진영이 진행했는데 이 배열은 이후에도 변하지 않았습니다.

호밥의 동행권고

29-32절에는 호밥에게 동행을 권고하는 내용이 나옵니다. 호밥에 대해서는 성경에 자세하게 나와 있지 않기 때문에 잘 알 수는 없습니다. 그는 모세의 장인인 이드로의 아들이요 모세의 처남이었습니다. 호밥은 사막 지방을 잘 알았기 때문에 모세가 그에게 이스라엘 민족에게 길을 인도해 달라고 하는 부탁을 하게 되는 것입니다.

"모세가 그 장인 미디안 사람 르우엘의 아들 호밥에게 이르되 여호와께서 주마 하신 곳으로 우리가 진행하나니 우리와 동행하자 그리하면 선대하리라 여호와께서 이스라엘에게 복을 내리리라 하셨느니라 호밥이 그에게 이르되 나는 가지 아니하고 내 고향 내 친족에게로 가리라 모세가 가로되 청컨대 우리를 떠나지 마소서 당신은 우리가 광야에서 어떻게 진칠 것을 아나니 우리의 눈이 되리이다 우리와 동행하면 여호와께서 우리에게 복을 내리시는 대로 우리도 당신에게 행하리이다"(민 10:29-32)

호밥은 미디안 지역을 잘 아는 사람이라는 것을 이 본문을 통해서 알 수 있습니다. 시내산까지는 모세가 잘 알고 있었을 것입니다. 그곳에서 40년을 지냈으니 그 주위의 환경에 대해서는 모를 것이 없었겠지만 앞으로 나아갈수록 모르는 길이 많았을 것입니다. 그래서 지리를 잘 아는 호밥에게 동행할 것을 부탁하는 것입니다.

모세의 이런 태도에 대해서 우리는 배워야 할 것이 많이 있습니다. 하나님께서 구름기둥과 불기둥으로 잘 인도를 하시나 그 지역을 잘 아는 사람을 동행하는 것은 믿음과 상식을 함께 사용하는 좋은 예입니다.

믿음에도 최소한의 상식이 필요합니다.

믿음이 있다고 해서 무모한 모험을 할 필요는 없습니다. 그 동네의 지리를 잘 아는 사람이 있는데도 그 사람을 잘 선별해서 사용하지 않고 무턱대고 갈 수도 있습니다. 이런 행동은 잘못하면 하나님을 시험하는 행동이 됩니다. 마치 사탄이 예수님을 보고 절벽 꼭대기에서 뛰어내리면 다치는지 안 다치는지 보자고 하는 것과 같은 시험입니다. 하나님이 어떻게 인도하시는가 보자는 심정으로 자신을 무방비 상태로 두어서는 안 됩니다. 그것은 결코 바람직한 믿음이라고 할 수 없습니다.

갑자기 두통이 났는데 약을 먹을 생각은 하지 않고 "주여 지금 두통이 났사오니 지금 당장 치료해 주옵소서"라고 기도한다고 합시다. 그러면 하나님께서는 "지금 당장 가서 진통제 두 알을 먹어라"라고 대답을 하실 것입니다.

믿음이 상식과는 전혀 상관이 없다고 생각하는 것은 믿음을 잘못 생각하고 있는 것입니다. 하나님은 상식을 통해서 역사하시기도 합니다. 아니 상식을 초월하는 경우보다 상식을 사용하셔서 역사하시는 일이 더 많으신 분입니다.

물론 기적이 필요한 경우도 있습니다. 어떤 사람이 암에 걸렸는데 도저히 사람의 힘으로는 치료할 수 없다고 판단해서 포기한 경우가 있다고 합시다. 그런 경우 하나님께 기도하면 기적적으로 삶이 회생하는 경우가 생기기도 합니다.

그러나 하나님께서는 기적을 자주 사용하시는 분이 아니십니다. 만약에 기적이 늘 일어난다면 기적은 더 이상 기적으로서의 가치를 지니지 않게 됩니다. 하나님께서는 특별한 목적을 위해 기적을 사용하십니다.

가장 바람직한 경우는 의사의 처방을 신뢰하고 치료를 꾸준히 하면서 한편으로는 기도를 열심히 하여 하나님의 치유의 손길을 기다리는 것입니다. 병이 나면 모든 치료를 물리치고 기도원부터 찾는 태도를 좋은 신앙의 태도라고 할 수는 없습니다.

치료약을 먹으면서 도움을 청하는 은나팔을 불어야 합니다. **자신이**

할 수 있는 것은 하고, 할 수 없는 것은 하나님의 도우심을 구하는 것
이야말로 마땅한 신앙인의 태도입니다.

제가 미국에 있을 때의 일입니다. 한때 신학교 교수를 하시던 분이
인디애나에서 목회를 하셨는데 그 교회가 사회적으로 물의를 일으키
게 되었습니다.

임산부 한 사람이 난산을 하게 되었는데 그 목사님이 의사를 부르
지 못하게 하고 그저 기도만 하게 했습니다. 그러다가 그만 그 산모가
죽고 말았습니다. 그 자리에는 간호사도 한 사람이 있었는데 그 간호
사도 결국 재판을 받게 되었습니다. 그 간호사는 간호사로서의 맹세
를 지키지 않고 의사를 부르지 않은 죄로 결국 간호사 자격을 박탈당
하게 되었습니다.

위험한 임산부가 있으면 일단 의사를 불러서 치료를 하면서 기도해
야 합니다. 그것이 믿음 있는 사람의 태도입니다. 하나님은 의술을 통
해서도 역사하시기 때문입니다.

술을 마시고 120킬로미터로 과속하면서 '하나님 도와주십시오'
한다든가, 기름이 거의 바닥에 있는데도 먼 거리를 갈 수 있게 해달라
고 기도하는 것이 믿음이라고 할 수는 없는 것입니다.

이것은 하나님을 시험하는 것입니다. 오히려 믿지 않는 사람들에게
하나님의 영광을 가리는 결과만 가져오게 됩니다. 비상식적인 일을
무모하게 하는 것을 믿음이라고 생각해서는 안 됩니다.

도움을 줄 수 있는 사람이 있을 때에는 하나님은 그 사람을 통해서
역사하십니다. 만일 그런 사람이 없다면 하나님께서 직접 역사하실

것입니다. 그런 것을 '하나님의 섭리' 라고 하는 것입니다.

섭리와 기적에는 차이가 있습니다. 사막 한복판에서 먹을 것이 없을 때 하나님께서 메추라기를 내려 주셔서 그것을 먹게 하시는 것은 기적입니다. 그러나 일단 요단강을 건너가서는 나무에 탐스럽게 달린 과일로 배고픈 백성들을 먹게 하시고 만나를 중단시킨 것은 섭리입니다.

인간이 할 수 없는 일은 하나님께서 직접 하십니다. 그러나 인간의 힘으로 충분히 할 수 있는 일은 인간이 할 수 있도록 하시는 것이 하나님의 방법입니다.

이런 상식과 믿음의 차이를 잘 이해하는 것이 진정으로 하나님을 잘 믿는 것입니다. 모세는 그런 믿음을 가졌던 것입니다.

먼저 기도하는 사람, 모세

10:33-36은 모세의 출발과 정지의 기도를 하는 모습입니다. 한번 살펴 봅시다.

"그들이 여호와의 산에서 떠나 삼 일 길을 행할 때에 여호와의 언약 궤가 그 삼 일 길에 앞서 행하며 그들의 쉴 곳을 찾았고 그들이 행진할 때에 낮에는 여호와의 구름이 그 위에 덮였었더라 궤가 떠날 때에는 모세가 가로되 여호와여 일어나사 주의 대적을 흩으시고 주를 미워하는 자로 주의 앞에서 도망하게 하소서 하였고"(민 10:33-35)

모세는 기도의 사람이었습니다. 출발할 때에도 기도했고 정지할 때에도 기도했습니다. 출발할 때는 여호와께서 대적을 흩어 도망가게 하시기를 기도했습니다. 적의 패배를 위한 기도였습니다.

그런가 하면 정지할 때에도 모세는 기도를 쉬지 않았습니다.

"궤가 쉴 때에는 가로되 여호와여 이스라엘 천만인에게로 돌아오소 서 하였더라"(민 10:36)

정지할 때에는 하나님께서 그 백성 중에 임재하시기를 기도했습니다. 하나님께서 함께하시기를 기도한 것입니다.

우리는 모세의 이러한 태도를 본받아야 합니다. 어떤 일을 시작하든지, 끝맺게 되든지 하나님께 먼저 기도하는 사람이라야 하나님의 신뢰를 받는 사람이 될 수 있습니다. 어떤 일이든지 그 일의 승패가 하나님께 있는 줄 알고 "내가 하는 일을 하나님께서 앞장서 주옵소서"라고 기도를 하는 것은 믿음이 있는 사람이 아니고는 할 수 없는 기도입니다.

저는 개업예배 드리는 것을 아주 좋아합니다. 새로 일을 시작하는 예배를 드리는 것이니 얼마나 즐거운 일입니까? 그래서 개업예배를 드릴 때에는 하나님 앞에 예배드리는 것으로 일을 시작하는 그 사람을 칭찬합니다. 그 일을 시작하기 전에 예배를 드린다는 것은 모세와 같은 태도를 가진 것입니다.

아브라함의 종도 자기 주인의 며느리감을 구하면서 처음에도 기도

하고 중간에도 기도하고 나중에 일이 끝난 다음에도 기도하는 모범을 보였습니다.

이것이 우리 신앙의 방법이 되어야 하고 우리의 모습이 되어야 합니다.

이스라엘의 불평

그런데 11장으로 들어서자마자 상황이 바뀌어서 이스라엘 사람들의 불평이 보입니다. 일단 출발을 하고 행진이 계속되자 이스라엘 백성들은 만나에 대해서 불평을 하고, 백성들이 불평을 하니까 모세까지도 불평을 합니다. 그리고 모세가 불평을 하자 그의 형제들까지도 불평을 합니다.

불평에는 전염성이 있다

불평에는 전염성이 있습니다. 그러므로 불평하면서 지내는 생활이 평온할 리가 없습니다. 불평할 기회를 아예 만들지 않는 것이 중요합니다.

제직회를 할 때도 그런 경우가 있습니다. "혹시 여러분에게 어려운 일이 있으면 이야기를 해 보십시오"라고 하면, 그 동안은 아무 말 하지 않았던 사람들까지 불만을 이야기합니다. 그러나 그렇게 말한 불평불만은 발전에 전혀 도움이 되지 않습니다.

사람이 모여서 살다가 보면 불만이 없을 수는 없습니다. 그것을 알고 일을 하는 사람은 작은 불편을 감수하면서 일을 합니다. 그런데 어

떤 일에 계속해서 불평불만을 가지는 사람은 그 환경을 개선해 주어
도 불평이 끊이지 않습니다.

그래서 불평을 할 기회보다는 감사할 기회를 자꾸 만드는 것이 공
동체를 위해서는 훨씬 좋은 것입니다. 일이 잘되게 하려면 장점을 모
아서 이야기를 해야 합니다. 어디든지 단점이 있고 불평거리가 있습
니다. 그 반면 장점도 있고 감사할 것도 많이 있습니다. 같은 조건이
라면 감사할 것들과 장점을 가지고 이야기하며 일하는 것이 자신을
위해서 훨씬 좋은 일입니다. 장점이 모여 일이 되는 것입니다.

이스라엘 백성들은 현재 처한 환경과 여건에 대한 불평을 터뜨렸습
니다. 하나님이 다 듣고 계신데도 불평을 한 것입니다.

"백성이 여호와의 들으시기에 악한 말로 원망하매 여호와께서 들으
시고 진노하사 여호와의 불로 그들 중에 붙어서 진 끝을 사르게 하
시매 백성이 모세에게 부르짖으므로 모세가 여호와께 기도하니 불
이 꺼졌더라"(민 11:1-2)

하나님은 우리의 이야기를 언제나 다 듣고 계십니다. 이런 이야기
를 설마 들으시랴 하는 것까지 하나님은 듣고 계시는 것입니다. 그리
고 반드시 그 이야기에 반응을 하십니다. 사람들의 불평이 시작되자
하나님께서는 불을 내리셔서 불평꾼들을 죽였습니다.

불평에 대한 하나님의 형벌은 이렇게 무서웠습니다.

어느 단체에나 불평을 전문적으로 하는 사람이 있습니다. 저도 그
런 사람을 겪은 적이 있습니다. 전화를 받을 때 "저 아무개입니다"라

는 말만 들어도 가슴이 철렁 내려앉게 하는 분이 있습니다. 공동체뿐만 아니라 그분 자신에게도 불행입니다.

불평은 습관이다

불평은 습관입니다. 그리고 연습을 하면 할수록 늘게 되어 있습니다. 인생은 모자라는 것 투성이입니다. 그것을 알고 시작해야 합니다. 일단 부족한 것에 대해 이해하고 진행해 가려는 마음 자세를 가져야 인생을 즐겁게 살 수 있습니다. 세상의 어느 곳 어느 단체도 완전한 곳은 없습니다. 그걸 꿈꾼다면 일평생 고통 속에 살 수밖에 없게 된다는 것을 알아야 합니다.

만약 불평을 하고 싶은 생각이 들면 하나님께서 주신 복을 세어보십시오. 그러면 틀림없이 자신에게 주신 하나님의 은혜가 얼마나 놀라운지 알고 하나님께 감사하지 않을 수 없게 될 것입니다. 주신 것을 감사하고 하나님께 영광을 돌리면서 사는 사람이 바른 삶을 사는 사람입니다.

때로는 불평에 대한 하나님의 진노가 과하게 느껴지기도 합니다. 그러나 그것은 하나님께서 우리에게 주시는 경고입니다. 우리도 언제 그런 불평을 하게 될지 모르기 때문에 하나님께서 아주 무서운 본을 보이신 것입니다.

미리암과 아론이 모세에게 불평하다가 미리암이 당장 문둥병에 걸리지 않았습니까? 그것 역시 우리를 위한 교훈을 주시기 위하여 그렇게 심한 벌을 내리신 것으로 보아야 합니다. 하나님은 그들을 우리의 본보기로 삼으신 것입니다.

하나님의 불길은 모세의 중보기도로 소진되었고, 이스라엘 백성들은 그곳 지명을 '불사름' 이라는 뜻인 '다베라' 라고 붙였습니다.

하나님의 사람은 위기 때마다 도움이 됩니다. 하나님의 사람은 그 사람만이 통할 수 있는 하나님과의 채널이 있습니다. 그래서 하나님의 사람이 귀한 것입니다. 위기가 오면 하나님의 사람은 표가 납니다. **위기와 기도가 합하면 기적이 일어납니다.**

이런 것이 구약 전체에 반복해서 나타납니다. **위기는 하나님의 능력을 또 한번 체험할 수 있는 기회입니다.** 위기를 이해하는 신앙적인 눈이 있을 때에 우리는 위기의 진정한 의미를 알 수 있게 되는 것입니다.

위기 가운데서 하나님의 역사하심을 기도하고 기다리면 기적이 나타나는 것입니다. 이것이 영적인 공식입니다. 위기는 믿는 사람에게 있어서 하나님의 능력을 체험할 수 있는 아주 좋은 기회가 되는 것입니다.

만나에 대한 불평

한 가지 사건에 대해서도 각자 다른 방식으로 체험을 합니다. 어떤 사람에게는 고난이 신앙의 힘과 아름다움을 나타내는 사건이 되기도 합니다. 성경은 이런 이야기들을 계속 반복해서 보여 줍니다.

이스라엘 백성들이 광야 생활을 하면서 늘어놓은 불평의 내용은 주로 먹을 것에 대한 것이었습니다. 하나님이 주신 만나에 대해서 불평하고 심지어 어떤 사람들은 애굽의 고기가마 옆을 그리워하기 시작했습니다. 사람은 현실에 불만이 생기면 공연히 과거를 미화하려는 경향이 생깁니다.

5-6절을 보십시오.

> "우리가 애굽에 있을 때에는 값없이 생선과 외와 수박과 부추와 파
> 와 마늘들을 먹은 것이 생각나거늘 이제는 우리 정력이 쇠약하되 이
> 만나 외에는 보이는 것이 아무것도 없도다 하니."

하나님이 특별히 생각을 해서 만나를 내려주신 것인데 그것을 두고 '이 만나 외에는'이라는 표현을 써서 불평을 합니다. 그 말에 감정이 섞이면 '이 따위' 음식밖에는 없다고 했을 것입니다.

그러나 출애굽기 16:3을 보면 그들의 말이 과장이라는 것을 알 수 있습니다. 노예 생활을 하면서 고기가마를 지킨 것은 생각하지 않고 현재를 불평하여 과거를 아름답게 미화하고 있었던 것입니다.

인간은 망각을 잘하고 과거를 미화하기 좋아하는 족속입니다. "왕 년에 내가 어땠는데" 하는 이야기를 종종 듣게 되질 않습니까? 현재 의 모습이 자기 마음에 흡족하지 않은 사람일수록 그런 말을 많이 하 고 그런 생각 속에서 삽니다. 옛날 일들은 고생스럽고 슬퍼도 나중에 생각하면 아주 아름답게 느껴지기 때문입니다.

남편이 먼저 죽은 부인들의 이야기를 들어보면 모두 이 세상에서 둘도 없는 남편과 함께 산 사람들뿐입니다. 같이 살 때에는 온갖 불평 거리였던 남편이 죽고 나면 천사로 둔갑을 하는 것입니다.

물론 그것이 현재의 불행을 이기는 힘을 주기도 합니다. 그러나 그 것이 하나님께 되지도 않은 불평을 하는 구실로 작용해서는 안 되는 것입니다. 하나님의 축복은 작은 것에도 감사하는 자들에게 나타나

는 것입니다. 작다고 불평하는 사람은 그 있는 것까지도 빼앗기게 되어 있는 것이 성경의 이야기입니다.

모세의 불평

모세는 백성들의 불평에 봉착하게 되자 그 자신의 마음까지도 어두워지는 것을 느끼게 되었습니다. 백성들이 불평을 하면 더욱 하나님께 의지하고 기도해야 하는데 모세는 그렇게 하지 않았기 때문에 자신도 모르게 의기소침해지고 함께 불평을 하게 되었던 것입니다.

이런 것은 누구나 경험하는 상태일 것입니다. 마음의 어두움이 더 깊어질수록 머릿속에 있는 불평은 증폭되게 되어 있습니다. 그래서 아주 작은 일이 큰 일로 둔갑을 하고 확장되는 것입니다.

10-11절을 보십시오.

> "백성의 온 가족들이 각기 장막 문에서 우는 것을 모세가 들으니라 이러므로 여호와의 진노가 심히 크고 모세도 기뻐하지 아니하여 여호와께 여짜오되 주께서 어찌하여 종을 괴롭게 하시나이까 어찌하여 나로 주의 목전에 은혜를 입게 아니하시고 이 모든 백성을 내게 맡기사 나로 그 짐을 지게 하시나이까."

모세는 하나님에게 원망을 합니다. 왜 백성들을 자기에게 맡겨서 이렇게 고생을 시키냐는 것입니다.

그런데 이렇게 하나님께 직접적으로 불평을 하는 것은 그래도 괜찮은 것입니다. 그 불평을 다른 사람에게 늘어놓는 사람들이 문제입니다. 하나님께 하소연하는 애통은 위로받게 되어 있습니다.

그런데 사람에게 하는 불평은 아주 위험합니다. 사람의 입은 다른 사람에게 들은 말들을 왜곡해서 전달하기도 하고 어떤 때는 전혀 엉뚱한 이야기가 되어서 돌아오기도 합니다. 특히 지도자의 위치에 있는 사람일수록 다른 사람에 대한 불평을 사람에게 해서는 안 됩니다. 자신을 신뢰해 주는 사람 앞이라고 해서 마음놓고 불평을 했다가 그 말이 다른 사람들의 귀에 들어가게 되는 일은 누구나 겪을 수 있는 일입니다.

어떤 목사님도 그런 일로 인해서 교회를 그만두게 된 일이 있습니다. 주일날 당회를 하고 나면 거기서 속상했던 일들을 마음에 맞는 어느 장로님께 전화로 털어놓곤 했는데, 알고 보니까 그 이야기가 그 다음 날이면 그렇게 그 목사님을 괴롭혔던 분의 귀에 들어가 있었습니다. 그래서 결국 그 목사님이 더 이상 그곳에서 견디지 못하고 사임하게 되었습니다.

이것은 사람이라면 누구나 범할 수 있는 잘못입니다. 그래서 어떤 공동체에서든 이런 일이 생기지 않도록 각별히 조심해야 합니다. 불평하는 지도자는 다른 사람들에게 전혀 은혜를 끼칠 수 없는 사람입니다. 당연히 불평을 해야 하는 순간이라 하더라도 인내하는 모습을 보이는 사람만이 다른 사람의 존경을 받을 수 있고 신뢰를 받을 수 있는 지도자가 될 수 있습니다.

다같은 불평이라도 누구 앞에서 하느냐에 따라 그 종류가 달라집니다. 자기 혼자하면 그것은 독백이 되고, 사람 앞에서 하면 그야말로 불평이 되는 것이지만, 하나님 앞에서 탄식하는 것은 기도가 됩니다.

하나님밖에는 들으실 분이 없는 자리에서 하는 것은 바로 기도라고 할 수 있습니다. 그리고 그런 기도를 하는 사람은 반드시 하나님께서 주는 위로를 받을 수 있습니다. 하나님 앞에서는 과장하거나 축소할 것이 없습니다. 그저 있는 그대로의 모습을 보이는 것으로 문제가 해결되는 것입니다.

얼마 전에는 저를 오랫동안 괴롭힌 어느 집사님에게서 전화가 왔습니다. 그런데 그분이 저에게 하신 모든 행동을 다 접어두고 아주 즐거운 대화를 나누었습니다. 그렇게 할 수 있었던 까닭은 그분이 저에게 했던 모든 것들을 그 사람에게 그대로 갚는 대신 하나님께 하소연했기 때문입니다. 하나님께 찾아가서 푸는 방법이 없었더라면 아마 저는 그 집사님과 심하게 다투었을지도 모릅니다. 만약 그랬더라면 오늘과 같이 친교를 나눌 수는 없었을 것입니다. 우리에게 하나님이 계시다는 것이 얼마나 복된 일입니까?

모세는 다행하게도 하나님 앞에서 불평을 했습니다. 그가 만일 사람들 앞에서 불평을 했더라면 많은 백성들의 신뢰와 믿음을 잃었을 것입니다.

"이 모든 백성을 내가 잉태하였나이까 내가 어찌 그들을 생산하였기에 주께서 나더러 양육하는 아비가 젖 먹는 아이를 품듯 그들을 품에 품고 주께서 그들의 열조에게 맹세하신 땅으로 가라 하시나이까 이 모든 백성에게 줄 고기를 내가 어디서 얻으리이까 그들이 나를 향하여 울며 가로되 우리에게 고기를 주어 먹게 하라 하온즉 책

임이 심히 중하여 나 혼자는 이 모든 백성을 질 수 없나이다"(민
11:12-14)

모세는 자신에게 맡기신 백성들이 하는 불평에 대해서 책임을 질
분은 하나님밖에 없다고 말합니다. 그 첫째 이유는 자신이 먼저 원해
서 그들을 이끌고 나온 지도자가 아니라는 것이었습니다. 자신이 맡
은 일은 너무 크고 자신은 힘이 없기 때문에 감당할 수 없다는 말을
하는 것입니다. 아마 이런 불평은 목회를 하는 많은 목회자들의 공감
을 살 수 있는 내용일 것입니다.

모세는 또 그 백성들이 자기가 잉태한 백성이 아니지 않느냐고 하
소연을 합니다. 어디서 이 많은 사람들을 먹일 고기를 구할 수 있겠느
냐는 말을 합니다. 이제는 지쳐서 도저히 더 이상은 못하겠으니 나를
죽여서 이후로는 백성들에게 곤고함을 보이지 않도록 해달라고까지
간청을 합니다.

예수님께서도 그런 기도를 하신 적이 있습니다. 도저히 혼자서는
이 짐을 지지 못하겠으니 "이 잔을 내게서 옮기시옵소서"(막 14:36)
라는 기도를 하셨습니다.

그러나 예수님의 기도는 거기에서 그쳤던 것은 아니었습니다. 그
뒤에는 "나의 원대로 마옵시고 아버지의 뜻대로 하옵소서"라는 기도
가 덧붙여져 있었습니다.

이것이 바로 예수님이 우리와 다른 점이면서 우리가 반드시 갖추어
야 할 점입니다.

모세는 아주 심한 좌절감에 빠져서 차라리 사람들에게 자신의 곤고한 모습을 보이지 않고 죽게 되기를 하나님께 원했습니다. 엘리야도 그러지 않았습니까? 열왕기상 19:1-8을 보면 그렇게 많은 바알의 선지자들과의 싸움에서 이겼음에도 불구하고 그는 한때 심하게 좌절해서 차라리 자기 자신을 하나님께서 깨끗하게 죽게 해 주시기를 원했습니다. 나를 데려가시든지 이 문제를 해결하시든지 하시라는 아주 강력한 요청을 했습니다.

영국의 리처드 백스터 목사님은 초기에 아주 열심히 목회를 했는데 아무런 반응을 얻지 못했습니다. 너무 힘이 들어서 금식하면서 기도도 해 보았지만 그것도 아무 효과가 없었습니다. 그래서 최후의 수단으로 하나님께서 응답을 안 하시면 금식을 하다가 죽겠다고 기도했습니다.

그렇게 일주일 정도를 기도했는데 하루는 하나님의 기도응답이 있었습니다. "내가 너를 통하여 부흥의 역사를 이루려고 하는데 네가 엉뚱한 데에서 애를 쓰고 있구나"라는 말씀이었습니다. 그리고 일주일에 한 번 모이는 교회를 통해서 부흥을 찾지 말고 한 가정 한 가정을 심방하면서 가장의 가슴에 불을 질러야 한다는 말씀을 주셨습니다. 그래서 하나님이 하라는 대로 각 가정을 대상으로 전도를 하고 기도하면서 말씀을 전했더니 부흥의 불길이 자신이 바랐던 것 이상으로 훨훨 타오르게 되었습니다.

박윤선 목사님의 자서전에 이런 말씀이 있습니다. 신학교를 졸업하기 전에 자기 인격과 신앙에 문제가 있으면 어떤 수단을 통해서라도 하나님 앞에서 결사적으로 해결을 한 다음에 졸업을 하라고 하는 충고 말씀입니다.

그 말씀은 아주 옳은 것입니다. 이런 전투를 해서 이겨야만 참된 신 앙인으로 성장할 수 있기 때문입니다. 이런 경험이 없는 사람은 신앙 의 참된 본질을 안다고 할 수 없습니다. 일단은 하나님 앞에서 문제를 해결하는 것이 중요합니다. 그것이 일차적으로 해결되어야 다음의 문제로 나아갈 수 있는 것입니다.

하나님의 해결책

팀 사역을 하라

하나님은 우선 급한 문제부터 차례로 해결해 주십니다. 그것은 모 세가 처한 지도자의 문제였습니다.

16-17절을 보면 팀 사역을 할 것을 말씀하십니다.

> "여호와께서 모세에게 이르시되 이스라엘 노인 중 백성의 장로와 유사되는 줄을 네가 아는 자 칠십 인을 모아 데리고 회막 내 앞에 이 르러 거기서 너와 함께 서게 하라 내가 강림하여 거기서 너와 말하 고 네게 임한 신을 그들에게도 임하게 하리니 그들이 너와 함께 백 성의 짐을 담당하고 너 혼자 지지 아니하리라."

70인의 장로들을 동역자로 삼아 일을 분담하라는 것입니다.

하나님께서 영적인 은사를 넣어준 사람들은 어디든지 있습니다. 하나님께서 한 사람에게만 성령의 은사를 주시는 것이 아닙니다. 하나님은 여러 사람에게 골고루 은사들을 주사 함께 일할 수 있도록 하시는 분이십니다.

자신이 받은 바 대로 일을 나누어서 하는 것이 가장 바람직한 공동체의 방식입니다. 한 사람에게만 모든 일이 맡겨진다면 그 일을 온전히 감당할 수 있는 사람은 아무도 없습니다. 일을 나누면 얼마든지 큰일을 감당할 수 있지만 그렇지 않으면 작은 일 하나도 제대로 감당하기 어려운 것입니다.

가정에서도 마찬가지입니다. 남자 혼자서 가장과 남편과 아버지와 아들과 사위의 의무를 다 감당하려면 얼마나 힘이 들겠습니까?

저의 경우도 아내와 세 딸, 그리고 오랫동안 모시고 있었던 장모님께 제가 해야 할 역할들을 잘 해냈느냐 따져보면 그러지 못했다고 고백할 수밖에 없습니다. 그저 하나님께 기도하면서 힘을 구하는 수밖에 아무것도 할 수 있는 일이 없을 정도입니다. 그래서 하나님께 그 역할들을 감당할 힘을 달라는 기도를 하지 않을 수가 없습니다. 저는 지금도 그런 기도를 하고 있습니다.

열 명도 안되는 가족을 돌보는 일도 이렇게 어려운데, 몇 백 몇 천 명이나 되는 교회와 같은 공동체를 돌보는 일은 얼마나 어렵겠습니까? 그런데 그렇게 큰 공동체를 돌보는 사람을 작은 일에까지 관여하게 하면서, 잘하지 못한다고 계속 질책하면 그런 자리를 지킬 수 있는 사람은 아무도 없게 됩니다.

큰 일일수록 욕심을 부리지 말고 잘 나누어서 할 줄 알아야 합니다.

그래야 계획한 것을 훌륭히 해낼 수 있습니다.

일을 잘 분배할 수 있는 사람이 일을 정말 잘하는 사람입니다. 천하의 바울도 동역자들과 함께 사역을 하지 않았습니까? 자신의 능력을 과신해서 무거운 짐을 혼자 지고 쩔쩔 매지 말고 나누어서 하는 지혜를 가져야 할 것입니다.

그래서 제가 늘 말하는 것이 평신도 목회입니다. 에베소서 4:11-13을 보면 사도로, 선지자로, 복음을 전하는 자로, 목사와 교사로, 주신 은혜를 따라 하나님이 주신 은사를 최대로 활용하면서 사는 사람들의 모습이 보입니다.

하나님께서는 십부장, 백부장, 천부장을 뽑으라고 하셨습니다. 한 사람이 열 명 이상을 책임지게 하지 않으셨던 것입니다. 십부장은 열 명을, 백부장은 십부장 열 명을 그리고 천부장은 백부장 열 명을 책임졌던 것입니다. 결국 한 사람은 열 명만 책임지면 됩니다.

이것은 아주 효율적인 조직입니다. 한 사람이 열 사람 이상을 책임지게 되면 결국은 책임이 너무 무거워집니다. 이런 방법으로 평신도 목회도 가능할 수 있게 됩니다. 목회는 목회자 혼자서 할 수 있는 일이 아닙니다.

인간에게는 한계가 있습니다. 그래서 남들이 우리의 능력에 대해서 불평을 하는 것은 어떤 의미에서는 당연한 것입니다. 저도 목회를 하다 보면 가끔 불평의 소리를 듣게 되는데, 그런 소리를 듣는 것이 기분 좋은 일도 아니고 때로는 과장이 되어 있기도 하지만 그렇다고 해서 아무런 이유 없이 불평을 하지는 않는다고 생각합니다. 그래서 저는 그런 말을 들으면 제 자신이 결점이 있고 한계가 있는 사람이라는 것을 인정하고 구차하게 변명할 생각을 하지 않습니다. 사실 전혀 자신과는 무관한 이야기를 들을 경우는 거의 없기 때문입니다.

어떤 사람이 악의를 가지고 이상한 일을 꾸미지 않는 이상 다른 사람의 불평이나 비난은 작더라도 근거가 있는 것입니다. 그러나 어떤 사람이 하나님의 일을 할 수 있는 것은 부족함이 없어서가 아니라 성령이 함께하시기 때문임을 알아야 합니다. 하나님께서 성령으로 함께하시지 않으면 저같이 부족한 사람이 어떻게 하나님의 백성들을 먹이고 목회할 수 있겠습니까?

성령님의 능력은 목회자뿐만 아니라 성도들도 받아야 하는 것입니다.

먹을 고기를 실컷 주겠다

이스라엘 백성들이 고기로 인하여 불평을 하자 하나님은 고기를 주시겠다고 합니다. 그것도 실컷, 진저리가 날 만큼 먹게 해주시겠다고 합니다.

그런데 백성들의 불평 때문에 염려함이 생긴 모세는 하나님께서 이스라엘 백성들에게 "코에서 넘쳐서 싫어하게 되도록 일개월간 고기를 먹게" 하시겠다고 한 그 말씀을 인간적인 생각으로 판단을 합니다.

21-22절을 보십시오.

"모세가 가로되 나와 함께 있는 이 백성의 보행자가 육십만 명이온데 주의 말씀이 일개월간 고기를 주어 먹게 하겠다 하시오니 그들을 위하여 양떼와 소떼를 잡은들 족하오며 바다의 모든 고기를 모은들

족하오리까."

불평은 불평을 낳습니다. 불평은 전염성을 가지고 있습니다. 그 전염은 평범한 사람이든 지도자든 가리지 않습니다. 이스라엘 백성들이 고기를 먹지 못하는 것 때문에 불평을 하자 모세도 그 백성들의 불평에 전염되었습니다. 그래서 하나님께 장정 남자만도 60만인데 그들에게 어디서 고기를 구해다 먹일 것인가를 염려합니다. 그러나 그 염려는 다행스럽게도 하나님께 한 것이었기 때문에 하나님께서 그 소리를 들으시고 이스라엘 백성들이 고기를 먹을 수 있도록 해 주셨습니다.

어떤 사람에게는 불평과 위기의 시간이었던 것이 어떤 사람에게는 은혜를 입는 기회가 됩니다. 힘든 환경이나 위기는 불신앙의 사람들에게는 절망을 낳는 것이고 믿는 사람들에게는 하나님의 능력을 체험하고 하나님을 만나는 계기가 되는 것입니다. 믿음의 눈이 있는가 없는가에 따라서 똑같은 사건이 이렇게 다른 결과를 가져옵니다.

어떤 사건이든 그것을 해석하는 사람의 마음에 달린 것입니다. 얼마 만큼 지속적으로 꾸준하게 좋은 해석의 훈련을 잘 하느냐에 따라서, 그리고 우리가 얼마나 말씀과 믿음으로 성화되어 있느냐에 따라서 똑같은 사건이 전혀 다른 결과를 낳게 하는 것입니다. 같은 일을 가지고도 얼마든지 적극적이고 신앙적이며 희망적으로 해석을 할 수도 있고, 소극적이고 비신앙적이며 절망적으로 해석을 할 수도 있습니다.

중요한 것은 모든 사건에 대한 해석이 전적으로 자신에게 달렸다는 점입니다. **아무도 자신을 불행하게 만들 수는 없습니다. 자신만이 자기를 불행하게 하거나 행복하게 할 수 있다는 말입니다.**

이것은 제 삶의 지침이 되기도 하는 생각입니다. 조금만 해석을 어긋나게 하면 절망에 빠지고, 조금만 해석을 잘하면 전혀 다른 희망의 계기를 마련하게 되는 것입니다. 물론 이것은 많은 훈련을 필요로 하는 것입니다.

로마서 12:2에도 "오직 마음을 새롭게 함으로 변화를 받아 하나님의 선하시고 기뻐하시고 온전하신 뜻이 무엇인지 분별하도록 하라"고 말씀하고 있습니다.

여기서 마음이라고 하는 것은 감정이 아니라 사고 방식을 말하는 것입니다. 하나님의 선하신 뜻을 찾는 훈련을 해야 하는데 하나님의 뜻에 어긋나는 세상을 따라가고 있기 때문에 육적인 방법과 세상적인 생각으로 하려고 하니까 잘 되지 않는 것입니다. 그래서 제일 먼저 이 세상을 본받지 말고 우리 마음의 생각을 하나님의 기뻐하시고 온전하신 뜻대로 생각하려고 훈련해야 한다는 것입니다.

인생을 보람 있고 성공적으로 살 수 있게 하는 열쇠가 바로 이 훈련입니다. 컴퓨터를 사용해 보신 분은 알겠지만 컴퓨터는 사용하는 사람이 입력해 놓은 대로 저장이 되고, 저장한 대로 보여 줍니다. 저장하지 않은 것이 들어 있거나 저장할 때와는 전혀 다른 형태로 변하거나 하는 일은 없습니다. 좋은 것을 집어 넣으면 좋은 것이 나오고 나쁜 것을 집어 넣으면 나쁜 것이 나오는 것입니다. 마찬가지로 하나님의 말씀과 성령님의 생각을 자신에게 훈련시키면 그 사람에게 들어 있는 사고방식이나 나타나는 행동이 하나님과 성령님의 것으로 나올 수밖에 없는 것입니다.

그런데 하나님은 모세의 요구대로 고기를 주시기는 하셨지만 그 백성들이 서로 불평하는 소리까지도 들으셨기 때문에 백성들이 고기를 먹기는 했지만 그것이 좋은 결과를 가져온 것은 아니었습니다. 그 고기가 잇사이에서 빠져나가기도 전에 하나님의 진노가 임해서 많은 백성들이 죽고 장사를 지내야 하는 재앙이 임했습니다.

그 재앙은 이미 고기를 주시려고 작정한 때에 예비된 것이었습니다. 18-20절을 보십시오.

> "또 백성에게 이르기를 너희 몸을 거룩히 하여 내일 고기 먹기를 기다리라 너희가 울며 이르기를 누가 우리에게 고기를 주어 먹게 할꼬 애굽에 있었을 때가 우리에게 재미있었다 하는 말이 여호와께 들렸으므로 여호와께서 너희에게 고기를 주어 먹게 하실 것이라 하루나 이틀이나 닷새나 열흘이나 이십 일만 먹을 뿐 아니라 코에서 넘쳐서 싫어하기까지 일 개월간을 먹게 하시리니 이는 너희가 너희 중에 거하시는 여호와를 멸시하고 그 앞에서 울며 이르기를 우리가 어찌하여 애굽에서 나왔던고 함이라 하라."

하나님께서는 자신들을 애굽에서 구원해 주신 분에게 원망하고, 옛날 노예시절의 고기가마를 그리워하는 그들에게 소원대로 고기를 마음껏 먹게 하는 대신에 노예생활 못지않은 고난도 함께 주리라 하셨습니다. 그래서 "코에서 넘쳐서 싫어하도록"이라는 과장법을 써서

원없이 먹게 해 주겠다는 말씀을 하신 것입니다.

이러한 표현은 하나님의 완전한 목적을 거부하는 사람은 그 목적을 성취하더라도 그에 값하는 무서운 결과를 초래하게 된다는 진리를 우리에게 보여 주고 있는 것입니다.

하나님이 그들을 광야로 이끄셨을 때에는 먹을 것을 주시고 마실 것을 주실 것이라고 당연히 믿었어야 했는데, 그런 하나님을 믿지 못하고 감사함으로 기도하는 대신 사람들끼리 모여서 불평을 일삼았기 때문에 하나님으로부터의 무서운 재앙이 떨어지고 말았던 것입니다.

모세의 순종

그런데 이 일이 일어나기 전에 모세는 70명의 장로들을 선별하여 장막 주위에 모이게 했습니다. 그 때에 여호와께서 구름 가운데서 나타나사 모세에게 있던 성령을 70명의 장로들에게도 부어 주셨습니다. 그러자 이들이 예언을 하기 시작했습니다. 이 예언은 그들이 한 처음이자 마지막 예언이었습니다. 하나님께서 그들에게 주신 특별한 능력은 하나님의 임재하심을 보여 주기 위해서 잠시 머물렀다가 떠나는 것이었습니다.

> "여호와께서 구름 가운데 강림하사 모세에게 말씀하시고 그에게 임한 신을 칠십 장로에게도 임하게 하시니 신이 임하신 때에 그들이 예언을 하다가 다시는 아니하였더라 그 녹명된 자 중 엘닷이라 하는 자와 메닷이라 하는 자 두 사람이 진에 머물고 회막에 나아가지 아니하였으나 그들에게도 신이 임하였으므로 진에서 예언한지라"(민 11:25-26)

아마도 이들의 예언은 미래를 말하는 것보다는 하나님의 말씀을 선포하는 것인듯 싶습니다. 성령은 누구에게든지 자유롭게 임하면서 역사하십니다.

사무엘상 10:9-11을 보면 사울도 이것과 비슷한 체험을 하고 있는 것을 볼 수 있습니다. 어쨌든 이러한 예언은 성령이 나타난 현상입니다. 장막에서 나오지 않은 엘닷과 메닷에게도 동일한 성령을 부어주셨습니다.

엘닷과 메닷이 예언하는 것을 보고 놀란 사람들이 한 소년을 모세에게 보내어 그 사실을 알렸습니다. 그러자 그 말을 들은 눈의 아들 여호수아는 크게 당황해서 모세에게 이 예언을 금하도록 하라고 말했습니다. 여호수아의 이 말은 하나님 말씀의 대행자인 모세의 권위를 지키기 위한 것이었고 그것을 모세도 알고 있었습니다.

그러나 그럼에도 불구하고 모세는 자신의 권위보다는 모든 백성들이 하나님의 능력 안에 있기를 더 원했습니다.

> "택한 자 중 한 사람 곧 모세를 섬기는 눈의 아들 여호수아가 말하여 가로되 내 주 모세여 금하소서 모세가 그에게 이르되 네가 나를 위하여 시기하느냐 여호와께서 그 신을 그 모든 백성에게 주사 다 선지자 되게 하시기를 원하노라"(민 11:28-29)

이 얼마나 대범하고 사랑이 많은 지도자의 모습입니까! 자신의 권위를 유일한 것으로 만들어서 다른 사람들이 감히 넘보지 못하게 하려는 것이 보통 사람들이 가진 생각입니다.

그러나 모세의 생각은 보통 사람들과 달랐습니다. 모세는 자신이 하나님의 능력을 받은 유일한 사람이 되기보다는 자기 백성 모두가 하나님의 능력을 받기를 더 원했습니다. 이것은 진정으로 자기 백성을 사랑하지 않고는, 그 인격이 하나님께 온전히 드려지지 않고는 할 수 없는 생각입니다. 모세에게는 질투심이 없었습니다. 진정한 하나님의 지도자가 되고 싶다면 이런 모세의 마음가짐을 배워야 할 것입니다.

그 일이 있은 후에 하나님께서는 모세와 이스라엘 백성들에게 약속하신 고기를 보내주셨습니다. 바다로부터 강한 바람을 보내시어 셀 수도 없이 많은 메추라기들을 진 사방으로 보내주셨습니다.

> "바람이 여호와에게로서 나와 바다에서부터 메추라기를 몰아 진곁 이편 저편 곧 진 사방으로 각기 하룻길 되는 지면 위 두 규빗쯤에 내리게 한지라 백성이 일어나 종일 종야와 그 이튿날 종일토록 메추라기를 모으니 적게 모은 자도 십 호멜이라 그들이 자기를 위하여 진 사면에 펴 주었더라"(민 11:31-32)

당시에 메추라기들의 정상적인 이동방향은 아프리카 내지로부터 북동쪽으로 날아가는 것이었습니다. 그러나 이번에는 바람이 거꾸로 불어서 메추라기들을 떨어뜨리는 비정상적인 일이 일어난 것입니다. 더구나 하나님께서는 메추라기들을 지상에 깔리게 하셔서 백성들 누구나 그것을 쉽게 잡거나 또는 막대기 같은 것으로 잡을 수 있도록 하셨습니다. 그래서 진 사방으로 하룻길을 다니면서 아무리 적게 모은 자라도 충분히 먹을 수 있는 분량을 얻을 수 있었습니다.

그 백성들은 하나님이 자신들의 불평을 들어주셔서 고기를 주셨다고 생각하면서 오랜만에 포식을 했을 것입니다. 그저 먹고 싶은 것을 먹을 수 있다는 것 외에는 아무 생각이 없었는지도 모르고, 그래서 그것을 주신 하나님께 감사의 기도를 드리는 것을 잊었는지도 모릅니다.

그러나 하나님의 계획은 그들의 불평을 들어주는 것으로 끝나는 것이 아니었습니다. 그 뒤에는 하나님의 은혜를 모르고 불평만 일삼는 사람들에 대한 심판이 기다리고 있었습니다.

33-34절을 보십시오.

> **"고기가 아직 잇사이에 있어 씹히기 전에 여호와께서 백성에게 대하여 진노하사 심히 큰 재앙으로 치셨으므로 그곳 이름을 기브롯 핫다아와라 칭하였으니 탐욕을 낸 백성을 거기 장사함이었더라."**

백성들이 욕심의 잔치를 시작하자마자 하나님께서는 강한 분노를 발하사 재앙으로 그들을 치셨습니다. 그래서 그 백성들이 그렇게 원했던 고기맛을 채 음미하기도 전에 많은 사람들이 죽고 말았습니다. 그들은 메추라기 만찬이 그들 최후의 만찬이 될 줄도 모르고 좋아라고 떠들면서 음식을 먹었던 것입니다. 이 얼마나 불쌍한 사람들입니까?

그 백성들이 장사된 곳의 이름인 기브롯 핫다아와는 '탐욕의 무덤'이라는 뜻을 가지고 있습니다. 백성들은 하나님께서 자기들에게 죽음의 벌을 내리신 이유가 탐욕에 있었다는 사실을 알고 있었던 것입니다. 하나님의 심판은 이토록 무서운 것입니다. 그토록 사랑하는 백성들이라 할지라도 자신들의 마땅히 행할 바를 알지 못하고 오만해지거나 되지도 않은 불평을 늘어놓으면서 하나님을 불신하면 그들을 언제까지나 두고 보지 않으십니다. 하나님은 심판이 필요한 곳에는 반드시 심판을 내리십니다. 그렇게 하지 않으면 더 많은 사람들이 죄악된 길로 가기 때문입니다.

인간들은 오만하고 목이 곧고 또 잊어버리기를 잘해서 하나님의 눈에 보이는 경고가 없으면 또다시 같은 죄악에 물들곤 합니다. 한 번 뼈저리게 경험했으면 되풀이하지 말아야 하는데 어리석은 인간은 과거의 잘못을 되풀이해서 하나님의 진노를 삽니다.

태초부터 지금까지 인간의 역사는 심판과 용서의 반복이었습니다. 그래서 예수님을 믿고 영접한 사람들도 끊임없이 말씀 앞에 엎드려서 자신을 돌이켜보고 회개하지 않으면 안 됩니다. 하나님은 사랑의 하나님이기도 하시지만 또한 공의의 심판자라는 사실을 잊어서는 안 됩니다.

하나님의 특별한 은총을 받았고 하나님과 친구처럼 대화를 나눌 수 있었던 모세조차도 인간적인 교만을 벗어나지 못했고, 그것 때문에 하나님의 진노를 사서 자신의 필생의 과업이라고 할 수 있는 가나안을 눈앞에 두고도 발도 들여보지 못한 채 눈을 감아야만 했습니다.

민수기 20:10-13을 보면 모세가 가나안에 들어가지 못하게 된 결정적인 사건이 나옵니다. 백성들이 물을 요구하자 하나님만이 능력을 행하시는 분이라는 사실을 잊고 사람들 앞에 나서서 "우리가 너희를 위하여 이 반석에서 물을 내랴?"라고 하면서 화를 냈습니다.

이 말은 처음 사용한 '우리가'란 말부터 잘못되어 있습니다. 마치 자신이 물을 주는 사람인 것처럼 말하고 있는 것입니다. 하나님은 이 말을 들으시고 모세에게 "이제 너는 끝났다"고 말씀하셨습니다. 하나님이 하라고 하신 대로 행하지 않고 지팡이로 바위를 치고 자신이 모든 일을 하고 거기에 대한 영광을 받아야 하는 것처럼 생각했기 때문에 하나님께서 모세의 시대에 종말부호를 찍었습니다.

모세는 하나님의 그 말씀을 듣고 가나안 땅에 발을 한 번만 디딜 수 있도록 해달라고 간구했지만 하나님께서는 다시는 그 이야기를 꺼내지도 못하게 하셨습니다. 하나님이 하신 일을 자기 자신의 힘으로 하는 것처럼 행동했기 때문에 이런 일이 생긴 것입니다.

하나님의 일을 자신의 능력이나 자신의 학위로 하려고 해서는 안 됩니다. 그런 생각은 아주 위험한 것입니다. 하나님은 하나님이 원하시는 대로 하나님이 원하시는 방법으로 하나님이 원하시는 장소에서 하나님이 원하시는 때에 일하시는 분입니다. 우리는 하나님이 그 능력을 행하실 수 있도록 순종하기만 하면 됩니다.

우리는 철저하게 하나님께 순종하는 사람으로 변화시켜 달라고 기도해야 합니다. **우리에게 필요한 것은 스스로 능력을 행하는 유능함이 아니라 하나님의 능력이 우리를 통해서 발휘될 수 있도록 하는 철저한 순종인 것입니다.**

하나님의 심판을 받은 이스라엘 백성들은 많은 사람들을 장사지내고 나서 다시 광야의 여정에 올랐습니다. 하나님의 역사는 심판이 있다 해도 끝나지 않고 완성을 향해 계속 흐릅니다.

내 종을 비방하지 말라

모세가 구스 여자를 취하였더니 그 구스 여자를 취하였으므로 미리암과 아론이 모세를 비방하니라 그들이 이르되 여호와께서 모세와만 말씀하셨느냐 우리와도 말씀하지 아니하셨느냐 하매 여호와께서 이 말을 들으셨더라 이 사람 모세는 온유함이 지면의 모든 사람보다 승하더라 여호와께서 갑자기 모세와 아론과 미리암에게 이르시되 너희 삼 인은 회막으로 나아오라 하시니 그 삼 인이 나아가매 여호와께서 구름 기둥 가운데로서 강림하사 장막 문에 서시고 아론과 미리암을 부르시는지라 그 두 사람이 나아가매 이르시되 내 말을 들으라 너희 중에 선지자가 있으면 나 여호와가 이상으로 나를 그에게 알리기도 하고 꿈으로 그와 말하기도 하거니와 내 종 모세와는 그렇지 아니하니 그는 나의 온 집에 충성됨이라

그와는 내가 대면하여 명백히 말하고 은밀한 말로 아니하며 그는 또 여호와의 형상을 보겠거늘 너희가 어찌하여 내 종 모세 비방하기를 두려워 아니하느냐 여호와께서 그들을 향하여 진노하시고 떠나시매 구름이 장막 위에서 떠나갔고 미리암은 문둥병이 들려 눈과 같더라 아론이 미리암을 본즉 문둥병이 들었는지라

내 종을 비방하지 말라

기브롯 핫다아와에서 고기 때문에 불평과 탐욕을 부리다가 하나 님의 재앙에 놀란 이스라엘 백성들은 바란 광야의 남쪽인 하세롯으로 이동했습니다. 그러나 하세롯으로 이동한 후에도 불평은 계속되었습니다. 더욱이 이번의 불평은 백성들에게서가 아니라 모세의 친형제들에게서 나왔습니다.

불평의 이유

구스 여자와의 결혼

민수기 12장에는 지도자인 모세에게 불평을 한 자들이 하나님의 재앙을 받는 사건이 나옵니다. 모세를 비방한 사람은 바로 모세의 가장 가까이에 있는 미리암과 아론이었습니다. 모세가 구스 여자와 결혼한 것을 못마땅하게 생각한 미리암과 아론이 모세를 비방했습니다.

미리암은 모세와 아론과 함께하는 여성 지도자였습니다. 미리암과 아론이 모세보다 손위인 점을 감안하면 아마 모세가 손윗 사람들과 전혀 상의없이 이스라엘 사람들이 기피하는 이방 사람과 결혼한 것에 서운함이 있었는지도 모릅니다.

그러나 하나님께서 모든 이방 여인들과의 결혼을 금지시킨 것은 아니었습니다. 더구나 하나님께서 결혼을 금지시킨 부족들 중에 구스족은 들어있지 않았습니다.

따라서 이방 여인과의 결혼은 겉으로 내세운 이유에 불과하고 진짜 이유는 그 뒤에 숨어 있었던 것입니다.

모세의 권위에 대한 도전

아론과 미리암은 자신들도 모세처럼 하나님과 대화한 사실을 내세우면서 스스로 자신들의 권위를 모세와 같이 세우려고 했습니다. 이것은 하나님 앞에 교만함은 물론이요, 은근히 자신의 신분에 위협을 느끼고 있었다는 증거이기도 합니다.

특히 남매 중 제일 위인 미리암은 자신과 상의도 없이 이방 여인과 결혼을 한 것이 자신이 그에게 행사할 수 있는 영향력이 줄어든 것으로 보고, 자신의 독보적인 자리가 다른 이방 여자에 의해서 흔들리게 될 것이 싫었을 것입니다. 거기에 다른 사람의 영향을 쉽게 받는 아론이 동조를 했으므로 자기 동생 모세의 예언자적 권위에 도전을 했던 것입니다.

하나님의 책망

그러나 사람의 마음을 꿰뚫어 보시는 하나님께서는 그들의 속마음을 알고 계셨고 은밀하게 둘이서만 한 이야기도 다 듣고 계셨습니다. 모세의 권위가 도전을 받게 되자 하나님께서는 갑자기 나타나셔서 모세를 구해 주십니다. 하나님께서는 모세에 대한 도전을 자기 자신에 대한 도전으로 간주하셨던 것입니다.

아론과 미리암에 비해서 그 때의 모세는 아주 온유한 사람이었습니다.

3절을 보십시오.

"이 사람 모세는 온유함이 지면의 모든 사람보다 승하더라."

온유한 사람이었던 모세는 미리암과 아론의 비난에 당하고만 있었습니다. 윗사람에게 반항을 하지도 못하고 곤경에 빠져 있었습니다. 그러나 하나님께서 이것을 보시고 '갑자기' 나타나셨습니다.

4절을 보십시오.

"여호와께서 갑자기 모세와 아론과 미리암에게 이르시되 너희 삼인

은 회막으로 나아오라 하시니."

여기 나타난 '갑자기'라는 표현은 아주 의미가 있는 것으로 보입니다. 하나님의 대행자인 모세의 권위가 도전받는 위급한 상황을 보신 하나님께서 모세를 구하기 위해서 갑자기 그들의 대화 가운데 나타나신 것입니다.

다 듣고 계시는 하나님

여기서 우리는 여러 가지 교훈을 얻을 수 있습니다.

먼저, 하나님께서는 사람들이 몰래 하는 대화도 다 듣고 계시는 분이라는 것을 알 수 있습니다. 아무리 밀실에서 목소리를 낮추어서 이야기했다고 해도 하나님께서는 듣고 계십니다. 우리가 말을 할 때에 경각심을 가지라는 뜻입니다. 자기네들끼리 하는 이야기도 하나님께서는 들으시고 그에 합당한 조치를 하시는 분입니다.

우리가 하나님 앞에서 살아야 하는 이유가 바로 여기에 있습니다. 하나님의 눈과 귀를 피할 수 없기 때문에 우리는 언제 어디에 있든지 적나라하게 하나님 앞에 서 있는 것처럼 행동하고 말하고 생각해야 합니다. 우리의 자리에 언제나 동석해 계시는 하나님을 의식하고 말을 한다면 우리의 입술은 많이 깨끗해질 것입니다.

제가 처음 미국에서 한인교회를 목회할 때에 지켜보니 모이기만 하면 다투는 일이 많았습니다. 제직회만 하면 서로 싸우느라고 다른 일을 못할 지경이었습니다. 심지어 제가 아는 워싱턴의 한 교회는 여덟 번까지 분열되었습니다. 문제가 생기면 그것을 선하게 해결할 생각은 하지 않고 싸우고 나가는 것이 능사인 것처럼 생각합니다. 그러니 한인교회에 영적인 성장이 없는 것이 당연했습니다.

그래서 처음에 저는 한인교회 목회를 하지 않으려고 결심했었습니다. 그런데 어쩔 수 없이 해야 할 처지에 놓이게 되었고, 당연히 제직회를 이끌어야 했습니다.

처음 하는 제직회에 아홉 명이 참석을 했는데 그 자리에서도 얼마나 심하게 싸우는지 너무 놀라서 몇 달간 악몽을 꾸었을 정도였습니다. 제가 어느 시골 길을 가고 있는데 갑자기 인디언들이 나타나서 저를 묶고 죽이려고 합니다. 그런데 그 사람의 얼굴을 보니까 그날 제직회에 참석했던 집사들이었습니다. 얼마나 마음에 부담을 가졌으면 그런 꿈을 다 꾸었겠습니까?

그 교회 제직회를 한 번 하고 나면 '회의 귀신이 있나 보다' 하는 생각까지 들 정도였습니다. 보통 때는 다 괜찮은데 일단 제직회만 시작하면 고함소리가 나고 욕을 하는 사람까지 있었습니다.

그 치열한 회의 귀신을 쫓아내는 데 2년이 걸렸습니다. 저는 회의를 시작할 때마다 "교회는 예수님의 몸이고 지금 예수님께서 이 자리에 임재해 계십니다. 우리가 말하는 것을 다 듣고 계시고 우리가 행동하는 것을 다 보고 계십니다. 우리가 여기 모인 것은 어느 집사의 세력이 더 센가 하는 것을 결정하려고 하는 것이 아닙니다. 예수님께서 무엇을 원하시는가를 찾으려고 하는 것이지 개인의 뜻을 관철시키려고 하는 모임이 아니라는 사실을 알아야 합니다. 하나님께서 이 자리에서 다 듣고 계시니까 그런 줄 알고 말씀하십시오"라는 이야기를 하고 기도했습니다. 이렇게 시작하면 그래도 좀 나은 편이었습니다.

2년을 이렇게 훈련을 시키니까 그 때에야 조용히 즐겁게 회의하는 법을 배우게 되었습니다.

하나님께서 우리의 대화를 듣고 계시다는 사실을 의식하면 누구도 무서운 줄 모르는 이기적인 사람들도 달라질 수 있습니다.

그런데 노회에 모일 때에도 목사님들이 하나님의 임재 사실을 인식하고 있지 못하다는 느낌이 들 때가 있었습니다. 제가 어려서 노회에 한 번 참석을 했었는데 깜짝 놀랐습니다. 목사님들끼리 고함을 지르고 싸우는 것을 보고는 얼마나 충격을 받았는지 모릅니다. 그러나 미국 교회의 노회에 참석해 보면 그렇지 않습니다. 그들은 회의를 질서 정연하고 재미있게 합니다. 우리가 배워야 할 점입니다.

꼭 회의가 아니더라도 우리가 일반적으로 하는 말도 영이신 하나님이 듣고 계신다는 것을 안다면 조심해서 말을 하게 될 것입니다. 특히 하나님을 믿는 사람들은 말을 함에 있어서 성숙함을 보여야 합니다.

모세의 특별한 위치

그리고 또 한 가지 생각해야 할 것은 하나님의 종을 대하는 태도입니다. 혈육으로 보면 모세는 미리암과 아론의 동생이지만 하나님께서 그를 선택해서 세운 이상 그는 형제들 가운데서도 하나님의 종으로 인식되어야 합니다.

하나님께서는 하나님의 충성된 종을 직접 보호하십니다. 6-8절을 보면 하나님께서 모세를 직접 만나 주신다는 것을 알 수 있습니다. 그

것은 하나님께서 모세에게 베풀어 주신 특권이었습니다. 그는 하나
님께 인정받은 사람이었습니다.

> "이르시되 내 말을 들으라 너희 중에 선지자가 있으면 나 여호와가
> 이상으로 나를 그에게 알리기도 하고 꿈으로 그와 말하기도 하거니
> 와 내 종 모세와는 그렇지 아니하니 그는 나의 온 집에 충성됨이라
> 그와는 내가 대면하여 명백히 말하고 은밀한 말로 아니하며 그는 또
> 여호와의 형상을 보겠거늘 너희가 어찌하여 내 종 모세 비방하기를
> 두려워 아니하느냐"(민 12:6-8)

이 말씀을 미루어 보면 하나님의 종에게 함부로 말하는 것은 아주
위험한 일이라는 것을 알 수 있습니다. 그리고 '내 종 모세'라고 말
씀하심으로써 모세를 미리암과 아론의 동생으로 부르시는 것이 아
니라 하나님의 종으로 부르셨다는 것을 분명히 하셨습니다.

일단 하나님이 종으로 부르셨으면 그를 자신의 혈육으로만 생각하
는 태도를 바꾸어야 합니다. 목회자의 어머님들을 보면 아주 연세가
많으시고 당신께서 기르신 자식인데도 다른 사람들에게 이야기를 할
때는 "우리 목사님"이라는 호칭을 쓰는 경우가 많은데 이는 그런 이
유에서입니다. 자기가 낳고 기른 자식일지라도 하나님이 부르셨으면
하나님의 종으로 대접을 하는 것을 보면 감동을 받습니다. 인간적인
감정에 휩쓸려서 사람을 대하면 하나님의 뜻을 온전히 분별하는 능
력을 잃게 됩니다.

미리암과 아론도 모세를 하나님께서 택하신 종으로 대했더라면 모세의 권위에 도전하는 일이 없었을텐데, 단순히 자신의 혈육인 동생으로만 대했기 때문에 이런 일이 생긴 것입니다. 하나님이 모세에게 경고하신 말씀도 바로 그것이었습니다. 하나님이 선택하여 부른 종을 자기들의 막내 동생으로만 생각해서 함부로 대해서는 안 된다는 말입니다. 하나님의 대행자로 정중하게 그를 대하는 것이 옳은 태도입니다.

하나님이 부르셔서 세운 사람에게 함부로 말하고 대하는 것은 위험한 행동입니다. 하나님께서 아브라함에게 말씀하시기를 "너를 축복하는 자를 축복하겠고 너를 저주하는 자를 저주하겠다"고 하시지 않았습니까? 하나님이 사랑하는 자, 하나님이 선택한 자에게 축복하는 것은 하나님의 축복을 받는 일이요, 저주하는 것은 그 저주를 자신에게 돌아오게 하는 것입니다.

하나님께 선택된 종에게 극히 개인적인 감정으로 도전을 하는 것은 조심을 해야 할 일입니다. 모세의 결혼은 모세의 사생활에 관한 문제입니다. 이미 성인이 된 사람의 결혼 문제에는 제삼자가 불필요하게 깊이 관여할 것이 못됩니다. 개인의 사생활은 보장되어야 합니다. 그 사람에게는 나름대로의 사정과 이유가 있는 것이고, 그런 것들을 일일이 다른 사람들에게 밝힐 필요가 없습니다.

예를 들면 어떤 사람의 월급을 꼬치꼬치 캐묻는다든지, 집안 일에 대해서 지나친 질문들을 하는 것은 그 사람의 사생활을 침해하는 것입니다.

제가 교회에 부임한 후에 우리 교회 대학부 학생들이 모여서 저와 대화하는 시간을 가진 적이 있었습니다. 그리고 질문지 수십 장을 만들어서 저에게 주었습니다. 그런데 그 중에 '목사님은 사례비를 얼마나 받고 있습니까?' 라는 질문이 있었습니다. 저는 그 질문을 받고서 우리 대학부 학생들을 신사로 훈련시키는 의미에서 이 질문에는 대답을 하지 않겠다고 하면서, 그러나 내가 받은 사례비를 어떻게 쓰는지는 이야기를 해 주겠다고 하고 실제로 제가 어떤 일에 돈을 쓰고 있는지를 말해 주었습니다.

목사의 사례비라고 하는 것은 아무리 많이 받아도 남지 않는 돈입니다. 얼마를 받느냐를 떠나서 쓸 곳이 너무도 많기 때문입니다. 목사에게 헌금을 요청하는 사람들이나 단체들이 얼마나 많은지 모릅니다. 그렇게 조목조목 이야기를 해 주고 나니까 대학부 학생들이 깜짝 놀라는 것이었습니다. 그들은 목사가 그렇게 많은 곳에 돈을 기부하는 것을 전혀 모르고 있었던 것입니다.

사람들에 대해 개인적으로 알고 싶은 것이 많이 있을 수 있습니다. 그러나 그렇다고 해서 그 사람이 밝히고 싶지 않은 사생활까지 파고드는 것은 무례한 것입니다. 개인의 사생활을 철저하게 보장해 주고 지켜주어야 하는 것은 사회생활을 하는 상식이요 예의입니다.

미국 한인 사회에 말썽이 많이 일어나는 이유도 한국 사람들이 다른 사람의 사생활에 지나친 관심을 보이고 간섭하기 때문에 생기는 것입니다. 믿는 사람들끼리 관심을 가지고 서로를 생각해 주는 마음은 귀한 것이지만, 다른 사람의 사생활을 침해하지 않도록 하는 것이 중요합니다. 이것만 잘하면 공동체에서 서로 얼굴을 붉히고 관계가 악화될 이유가 없습니다.

모세의 결혼도 마찬가지입니다. 그는 이미 성인이고 생각이 있는 사람이었기 때문에 그가 어느 종족의 여자와 결혼을 하든지 그것은 개인적인 문제이고 하나님이 알아서 처리할 문제이지, 다른 사람의 문제가 될 일이 아니었습니다. 그것을 가지고 자신의 개인적인 감정으로 간섭을 했기 때문에 하나님의 징계를 받는 문제가 생긴 것입니다.

저도 결혼을 하기 전에 저희 큰 형님이 제 결혼을 염두에 두고 보아 둔 사람이 있다는 말씀을 하신 적이 있었습니다. 그래서 저는 "저도 이제는 스물 일곱의 성인이니까 제 문제는 제가 알아서 해결을 하겠습니다"라고 말씀을 드렸습니다. 그리고 제가 선택한 사람이 형님의 마음에 꼭 드는 사람일 것이라는 말씀도 드리면서 그 위기를 모면했습니다.

성인이 된 사람의 결혼은 그 사람이 아무리 자기 자식이라 하더라도 본인의 의사를 존중하는 것이 좋습니다. 특히 우리 한국 사회는 개인적인 것들을 존중하는 태도가 대단히 필요합니다.

하나님께서 모세를 쓰신 것은 모세가 원해서가 아니라 하나님이 원하셔서 결정한 것입니다. 따라서 그것이 자신들의 감정과 생각에 맞지 않는다고 함부로 불평하고 비난해서는 안 됩니다. 우리는 다만 주님의 뜻이 하늘에서 이루어지는 것같이 땅에서도 이루어지기를 기대하는 사람들이어야 합니다. 다소 부족한 점이 있는 하나님의 종이라 하더라도 정중하게 대하고 존중하는 자세가 절대적으로 필요합니다.

문둥병에 걸린 미리암

9-16절 사이에는 하나님의 종의 권위에 도전했다가 문둥병이 걸린 미리암의 모습이 보입니다. 하나님께서 그들을 향해서 진노하시고 나타나셨던 그 자리를 떠나자 그 즉시로 구름기둥이 회막에서 떠나고 미리암은 문둥병에 걸려서 피부가 눈과 같이 하얗게 되었습니다. 하나님의 호의가 순식간에 저주로 바뀐 것입니다.

9-10절을 보십시오.

> "여호와께서 그들을 향하여 진노하시고 떠나시매 구름이 장막 위에서 떠나갔고 미리암은 문둥병이 들려 눈과 같더라 아론이 미리암을 본즉 문둥병이 들었는지라."

저는 이 구절을 읽으면서 아주 놀라움과 두려움과 큰 충격을 받았습니다. 모세에게 대항하는 것은 곧 하나님께 대항하는 것과 같은 것이었습니다. 그리고 하나님께 대항하는 것은 계란으로 바위를 치는 것과 같습니다. 일단 하나님께서 등을 돌리시면 모든 것들이 한꺼번에 바뀌게 되는 것입니다. 그리고 그 변화의 차이는 건강했던 사람이 갑자기 문둥병에 걸려서 하얗게 되는 것과 같이 극과 극을 달리는 것입니다.

민수기 6:26에 보면 "여호와께서 그 얼굴을 네게로 향하여 드사 평강 주시기를 원하노라"라는 말씀이 나옵니다.

이 말씀은 하나님께서 우리를 쳐다만 보고 있어도 괜찮다는 것입니다. 그렇게만 하고 계셔도 우리는 염려할 것이 없다는 말씀입니다. 하나님께서 보시는 그 시선이 그렇게 중요합니다.

하나님의 고갯짓에 따라서 행복과 불행이 순식간에 바뀝니다. 그래서 우리가 부르는 찬송에도 '쉬 떠나지 마시고 길이 함께하소서' 라는 가사가 있는 것입니다. 이것은 우리가 늘 구해야 할 아주 중요한 기도입니다.

저는 하나님께서 저를 향해 따뜻한 햇빛과 같이 비추어 주고 계시다는 생각을 항상 하려고 노력하고 있습니다. 그러면 그 생각만으로도 얼마나 힘이 되는지 모릅니다. 세상의 어떤 것보다 하나님의 얼굴 광채가 나에게 비취는 것이 더 큰 복이 되는 것입니다.

"내 영혼에 햇빛 비치니"라는 찬송을 우리 교회의 주제가처럼 부르는 것도 주님께서 우리 성도들의 마음속에 햇빛과 같이 밝은 얼굴을 비치고 있다는 사실을 인식할 수 있도록 해 주고 싶기 때문입니다.

그리고 저 역시 이 찬송을 많이 부르는데 이는 어떤 상황에서도 힘이 나고 희망을 가질 수 있기 때문입니다. 하나님의 웃으시는 얼굴을 상상하는 것만으로도 우리는 다시 일어설 수 있는 힘을 얻게 될 것입니다.

창세기 32장 마지막을 보면, 야곱이 하나님과 힘겨루기를 하다가 환도뼈가 위골되었으며, 브니엘을 지날 때에 해가 돋았고 그 환도뼈로 인하여 절었다는 구절이 나옵니다.

이 구절을 다시 읽으면서 이 장면이 저에게 얼마나 멋있게 느껴졌는지 모릅니다. 깊은 갈등의 밤이 지나고 하나님의 축복을 받고 아침이 되어 압복강을 건너는데 야곱을 향하여 해가 떠오르는 장면입니다.

이 얼마나 감격과 기쁨이 있는 순간입니까? 하나님을 만나서 그 어려운 씨름을 승리하고 강을 건너는데 나를 향해 통이 튼다고 생각해 보십시오. 마음속에 그 장면을 그려 보는 것만으로도 감격이 생기지 않습니까?

우리의 삶에도 갈등과 염려로 씨름하던 밤이 지나고 모든 문제가 해결되었을 때 우리를 향해서 하나님의 얼굴 같은 햇살이 비친다고 상상해 보십시오.

우리도 그런 감격과 감사의 삶을 살아야 합니다. 하나님께서 그 해와 같은 얼굴을 항상 우리를 향하고 계신다는 확신으로 살아야 할 것입니다.

아론의 회개

11-12절에서 문둥병에 걸린 미리암을 본 아론이 깊이 회개하는 모습을 볼 수 있습니다. 그는 모세에게 중보기도를 부탁합니다. 바로 전까지는 모세를 자기 동생으로만 생각해서 함부로 대하다가 하나님의 진노를 샀는데 이제 그 누이 미리암이 문둥병에 걸린 것을 보고 하나님의 종으로서의 중보기도를 부탁하는 것입니다.

"아론이 이에 모세에게 이르되 슬프다 내 주여 우리가 우매한 일을 하여 죄를 얻었으나 청컨대 그 허물을 우리에게 돌리지 마소서 그로 살이 반이나 썩고 죽어서 모태에서 나온 자같이 되게 마옵소서"(민

12:11-12)

이제 아론은 자기의 동생을 "나의 주"라고 부릅니다. 동생을 부르는 호칭 자체가 달라진 것입니다. 뿐만 아니라 자신들이 악했다는 것을 인정하고 자신이 죄의 대가로 죽지 않도록 해 달라는 간청을 하는 것입니다.

이것은 모세가 단지 동생이 아니라 하나님의 종이라는 것을 인정하게 되었다는 것을 나타냅니다. 그 전에는 자기 동생으로만 취급하던 것에서 단번에 하나님의 종으로 그 대우가 달라진 것입니다. 무시하던 태도에서 금방 존경하는 자세로 바뀐 것입니다.

디모데전서 4:12에 보면 바울이 디모데에게 이르기를, 나이가 어리다는 이유로 다른 사람들에게 업신여김을 받지 않도록 하라고 당부하고 있습니다. 나이가 어린 사람이라는 이유만으로 업신여김을 받았다고 생각한다면 그것이 비단 나이 때문이라고만 생각해서는 안 됩니다. 그 사람의 말과 태도에서 주님을 사랑하고 주님의 뜻대로 살려고 하는 모습을 보게 되면, 아무리 나이가 어려도 함부로 대할 수 없게 됩니다. 그 사람에게는 하나님을 향한 마음에서 우러나오는 위엄이 있기 때문입니다.

저는 제 딸들을 보면서 그런 것을 느낍니다. 비록 저희가 낳고 기른 딸들이지만 얼마나 하나님께 합한 자로 살려고 애를 쓰는지, 그런 모습을 볼 때면 목사인 저도 조심스러워지고 함부로 대할 수 없게 됩니다. 어떤 때는 딸들의 신실한 모습을 보면서 신앙적으로 회개하는 마음이 생기기도 합니다.

　만약 자신이 다른 사람에게 무시당하고 있다고 생각된다면 그것은 자신의 나이가 어리기 때문이 아니라 신앙적인 인격이 덜 성숙되었기 때문이라는 것을 깨닫고 반성해야 합니다.
　다른 사람의 존경과 사랑을 받는 것은 그 사람의 나이가 얼마인가에 구애되는 것이 아니라, 그 사람의 신앙적인 인격이 어떠한가에 따른 결과입니다. 나이가 어린 사람도 얼마든지 나이 많은 사람들에게 존경을 받을 수 있습니다. 존경은 나이에서 오는 것이 아니기 때문입니다. 하나님께 철저하게 순종하는 모습이 나타나면 그 속에 계신 하나님의 모습을 보고 그 사람을 존경하지 않을 수 없게 됩니다.
　그래서 형인 아론이 동생인 모세에게 무릎을 꿇고 중보기도를 부탁하며 '내 주'라고 부르는 일도 생길 수 있는 것입니다. 아론은 모세에게 중보기도를 부탁함으로써 모세의 영적 권위를 인정하게 되었습니다.

모세의 중보기도

　아론의 간청에 따라 모세는 중보의 기도를 합니다. 그 기도는 길고 장황한 기도가 아니었습니다. "원컨대 그를 고쳐 주시옵소서" 하는 간단한 기도였습니다. 가장 핵심적인 말로 기도를 드리는 것입니다.
　13절을 보십시오.

　　"모세가 여호와께 부르짖어 가로되 하나님이여 원컨대 그를 고쳐주옵소서."

하나님께 드리는 기도가 반드시 긴 문장이어야 하는 것은 아닙니다. 간절하고 간단한 기도면 되는 것입니다. 하나님께서는 길고 중언부언하는 기도가 아니라 진심으로 간구하는 기도를 들으십니다. 이미 모든 것을 들으시고 모든 것을 아시는 하나님이시기 때문에 간절하고 간결한 기도라도 전혀 부족하지 않습니다. 뉘우치고 회개하며 용서를 구하면 하나님은 미쁘시고 의로우시기 때문에 그 기도를 응답하십니다.

예수님께서도 제자들에게 이방인들처럼 중언부언하여야 하나님께서 들으시는 것으로 생각하지 말라고 하셨습니다.

하나님의 용서

모세의 기도에 대한 하나님의 응답 역시 간단한 것이었습니다. 하나님께서는 뉘우치고 회개하는 자에게는 용서를 베풀어 주시는 분이기 때문입니다.

그렇다고 해서 그 용서가 그 자리에서 간단하게 이루어지는 것은 아니었습니다. 죄 속에는 그 죄의 대가가 반드시 들어 있는 것입니다. 사람들이 잘못을 저지를 때는 언제나 하나님이 그 사람을 치는 것이 아니고 어떤 경우는 그 죄 자체에 죄에 대한 형벌까지 함께 들어 있습니다.

따라서 하나님은 그 죄를 용서하시지만 죄 자체에 들어 있는 죄의 대가는 치르게 하십니다. 거짓말을 자주 하는 사람이 하나님께 회개하고 용서를 구하면 하나님은 그를 용서하시지만 그 사람의 거짓말에 속았던 사람들은 그를 좋아하지 않게 됩니다. 술을 좋아하는 사람은 알콜 중독에 걸리게 되고, 성적으로 문란한 사람은 성병에 걸리거나 에이즈 같은 불치병에 걸리게 됩니다.

이것은 그 죄 자체가 가지고 있는 형벌인 것입니다.

영원한 죄의 결과는 용서받아도 그 죄 속에 이미 포함되어 있는 형벌을 깨끗이 피할 수는 없습니다. **참된 회개의 자세는 자기 죄에 대한 대가를 받을 준비가 되어 있는 것을 말합니다.**

저에게 기도를 해 달라고 오는 사람들 중에는 분명히 자기 자신이 잘못한 일인 줄을 알면서도 어떻게 해서든지 벌을 받는 것은 피하려고 하는 사람이 있습니다. 자신이 지은 죄에 대해서 정말 회개를 한 사람이라면 그 죄에 대한 어떤 형벌이라도 받을 준비가 되어 있어야 합니다. 그 죄에 대한 대가를 지불할 마음의 자세가 충분히 되어 있을 때에만 진정한 회개라 할 수 있는 것입니다. 그저 잘못했다는 말 한 마디로 자신이 지은 모든 죄를 해결하려고 하는 것은 약삭빠르게 빠져나가겠다는 경박한 마음인 것입니다.

14-16절을 보십시오.

"여호와께서 모세에게 이르시되 그의 아비가 그의 얼굴에 침을 뱉었을지라도 그가 칠 일간 부끄러워하지 않겠느냐 그런즉 그를 진 밖에 칠 일을 가두고 그 후에 들어오게 할지니라 하시니."

하나님께서는 미리암의 죄를 용서하시고 치유는 하셨지만 7일 동안 진영 밖에서 자신의 잘못을 생각해 보는 기간을 가진 후에 자기 진영으로 다시 돌아올 수 있도록 하셨습니다.

하나님께서 그렇게 하신 또 다른 중요한 이유는 미리암을 치리하심으로 인하여 앞으로는 아무도 감히 하나님이 택하신 모세의 권위에 도전하지 못하도록 교훈하시기 위한 것이었습니다. 이것은 오늘날 일종의 근신 처분과 같은 것으로, 하나님을 대신하는 종에게 도전하는 것은 용납되지 않는다는 것을 온 회중에게 보여 준 사건이 되었습니다. 모세에게 도전하는 것은 하나님께 도전한 것과 같습니다. 하나의 얼굴에 침을 뱉음과 같다고 할 수 있습니다.

그리고 미리암의 징계는 단순히 미리암 한 사람의 징계로 끝난 것이 아니었습니다. 미리암 때문에 이스라엘 백성들의 여정이 7일 동안 중지되는 결과를 낳았습니다.

"이에 미리암이 진 밖에 칠 일 동안 갇혔고 백성은 그를 다시 들어오게 하기까지 진행치 아니하다가 그 후에 백성이 하세롯에서 진행하여 바란 광야에 진을 치니라"(민 12:15-16)

한 사람이 범죄함으로 문제를 일으키면 그 문제는 그 사람의 문제만이 아니라 그가 속한 공동체의 문제도 되는 것입니다. 미리암의 문둥병과 근신의 교훈은 하나님의 권위를 위임받은 자에게 도전하고 그를 비난하는 것이 얼마나 큰 하나님의 진노를 일으킬 수 있는 것인가를 단적으로 보여 주는 사건입니다.

믿음의 눈으로 보라

사십 일 동안에 땅을 탐지하기를 마치고 돌아와 바란 광야 가데스에 이르러 모세와 아론과 이스라엘 자손의 온 회중에게 나아와 그들에게 회보하고 그 땅 실과를 보이고 모세에게 보고하여 가로되 당신이 우리를 보낸 땅에 간즉 과연 젖과 꿀이 그 땅에 흐르고 이것은 그 땅의 실과니이다 그러나 그 땅 거민은 강하고 성읍은 견고하고 심히 클 뿐 아니라 거기서 아낙 자손을 보았으며 아말렉인은 남방 땅에 거하고 헷인과 여부스인과 아모리인은 산지에 거하고 가나안인은 해변과 요단 가에 거하더이다

갈렙이 모세 앞에서 백성을 안돈시켜 가로되 우리가 곧 올라가서 그 땅을 취하자 능히 이기리라 하나 그와 함께 올라갔던 사람들은 가로되 우리는 능히 올라가서 그 백성을 치지 못하리라 그들은 우리보다 강하니라 하고 이스라엘 자손 앞에서 그 탐지한 땅을 악평하여 가로되 우리가 두루 다니며 탐지한 땅은 그 거민을 삼키는 땅이요 거기서 본 모든 백성은 신장이 장대한 자들이며 거기서 또 네피림 후손 아낙 자손 대장부들을 보았나니 우리는 스스로 보기에도 메뚜기 같으니 그들의 보기에도 그와 같았을 것이니라

믿음의 눈으로 보라

민수기 13장에서는 우리가 잘 알고 있는 가나안 정탐에 대한 이야기를 읽을 수 있습니다.

1-20절에는 정탐꾼들을 파견하는 과정이 나오는데 여기에는 약간의 문제가 있습니다. 그 정탐을 지시하는 주체가 민수기의 기록과 신명기의 기록이 다르게 기록되어 있기 때문입니다.

민수기 13:1-2 초반절을 보면, "여호와께서 모세에게 일러 가라사대 사람을 보내어 내가 이스라엘 자손에게 주는 가나안 땅을 탐지하게 하되"라고 되어 있어서 여호와께서 모세에게 사람을 보내어 가나안 땅을 탐지하게 하라고 지시한 것으로 나와 있습니다.

그런데 신명기 1:22에 보면, 모세가 사람들에게 말하기를 "너희가 다 내 앞으로 나아와 말하기를 우리가 사람을 우리 앞서 보내어 우리를 위하여 그 땅을 정탐하고 어느 길로 올라가야 할 것과 어느 성읍으로 들어가야 할 것을 우리에게 회보케 하자 하기에"라고 하여 사람들이 먼저 가나안을 정탐할 것을 요청한 것으로 나와 있습니다.

한 사건을 두고 하나님이 하라고 하신 것으로 되어 있기도 하고 사람들이 원해서 한 것으로 나와 있기도 한 것입니다.

그런데 성경에는 이렇게 한 가지 사건을 가지고 사람이 했다고 하는 것과, 하나님에 의해서 하게 되었다는 다른 진술이 중복되어 나오는 경우가 많습니다.

사울 왕의 죽음도 사무엘하에서는 자기 자신이 칼을 뽑아 엎드려서 자살을 했다고 되어 있는데, 열왕기상에 보면 하나님이 죽인 것으로 되어 있습니다.

신약에서의 구원 문제만 하더라도 요한복음 3:16에 주 예수를 믿으면 구원에 이른다고 되어 있습니다. 그런데 믿고 보니까 만세 전부터 하나님이 나를 택한 것으로 나와 있습니다. 하나님의 절대적인 주권과 인간의 책임성이라는 두 가지가 언제나 동전의 양면처럼 함께 붙어 있는 것입니다.

이런 성경 기록상의 특징을 알고 민수기 13장 본문을 살펴보도록 합시다.

정탐꾼들의 파견

"여호와께서 모세에게 일러 가라사대 사람을 보내어 내가 이스라엘 자손에게 주는 가나안 땅을 탐지하게 하되 그 종족의 각 지파 중에서 족장 된 자 한 사람씩 보내라 모세가 여호와의 명을 좇아 바란 광야에서 그들을 보내었으니 그들은 다 이스라엘 자손의 두령 된 사람

이라"(민 13:1-3)

하나님께서는 이스라엘 백성들이 들어갈 가나안 땅을 정탐할 사람들을 각 지파에서 한 사람씩 뽑으라고 말씀하십니다. 앞에서도 언급했지만 신명기 1:22에 보면 이스라엘 사람들이 먼저 모세에게 제안한 것으로 되어 있습니다. 따라서 이것은 하나님께서 명하시기도 하셨고 이스라엘 백성들도 원해서 가나안 땅을 정탐하게 되었다고 볼 수 있습니다.

바란 광야에서 출발하는 정탐꾼들은 하나님께서 주시는 가나안 땅을 조사해야 했습니다. 이것은 하나님께서 이미 약속하시고 주신 땅임에도 불구하고 그 땅에 대한 것도 조사가 필요하다는 것을 의미합니다. 하나님께서 하시는 일이라 할지라도 사람에게는 충분한 조사와 정보의 수집이 앞서서 진행되어야 하는 것입니다.

하나님께서는 가나안 땅을 주시기로 약속하셨지만 그 땅을 그냥 주시는 것이 아니라 일단 그 땅으로 들어가서 그들의 발로 밟는 땅을 주시겠다고 약속하셨습니다. 하나님이 약속은 하셨지만 그것이 성취되기 위해서는 인간의 행동이 뒤따라야 합니다. 땅을 정복하려면 일단 땅을 밟아야 하는 것입니다.

하나님의 일이고 하나님의 약속이기 때문에 사람은 두 손과 발을 그냥 묶어 둔 채 가만히 있어도 모든 일이 자동적으로 이루어진다고 생각하면 안 됩니다. 하나님께서 약속은 이미 하셨지만 그것을 성취하기 위해서는 인간이 충분한 조사와 노력과 사전 정보를 수집해서 움직여야만 하는 것입니다. 이것은 참으로 미묘한 경계선을 가지는 것이라고 할 수 있습니다. 어디서 어디까지가 하나님의 섭리 안에 있는 것이고, 어디서부터가 사람의 책임에 달린 것인지를 나누는 것이 분명치 않기 때문입니다. 그래서 모든 것이 하나님께 달린 것처럼 기도하고 모든 것이 내게 달린 것처럼 혼신을 다해 일을 해야 합니다.

제가 미국의 인디애나폴리스에서 살고 있었을 때 기독교 방송을 늘 들었습니다. 그런데 방송을 하는 목사님 중에 설교를 하실 때 고성으로 말씀을 너무 빨리 하는 분이 계셨습니다. 제가 그분의 설교를 여러 번 들었는데도 도무지 무슨 말을 하는 것인지 알아들을 수가 없었습니다. 목사가 목사의 설교를 듣고도 이해하지 못한다면 평신도는 말할 것도 없다고 보아야 합니다.

저는 도대체 그분이 어떤 분일까 참으로 궁금했습니다. 그러던 중에 우연히도 그분이 시무하시는 교회에 가게 되었고, 그분의 설교를 들을 수 있는 기회를 갖게 되었습니다.

저는 그 교회에 다니는 교인들은 목사님의 설교를 어떻게 듣고 어떻게 이해하고 있는지 너무 궁금해서 물어 보았습니다. 그랬더니 한 성도가 하는 말이 그 목사님은 특별히 설교 준비를 하지 않는다고 말했습니다. 그 목사님은 설교를 준비한다는 것은 인간의 생각이 들어가는 것이기 때문에 그렇게 해서는 안 된다고 했다는 것이었습니다. 그래서 설교하기 전까지는 기도만 하다가 설교시간에 나오면 성령께서 주시는 말씀대로 설교를 한다는 것이었습니다.

저는 그 이야기를 듣고 비로소 그 동안 제가 그분의 설교를 알아들을 수 없는 이유를 알게 되었습니다. 준비하지 않고 그 자리에서 생각나는 대로 하는 설교를 알아들을 수 있는 사람은 얼마 되지 않을 것입니다.

설교를 준비하는 것은 자신의 생각을 정리해서 말하는 것이 아니라 준비하는 동안 성령님의 도움을 받으며 성경본문을 연구하고 묵상한 것을 잘 정리해서 성도들에게 전하는 것입니다. 미리 준비한다고 해서 그 설교가 목사 한 사람의 개인적인 생각을 전하는 것이라고 생각하면 큰 오산입니다. 그분이 주장하시는 것처럼 만일 성령님이 주시는 대로 설교를 한다면 성령님의 설교가 도무지 알아 들을 수 없는 설교라는 말인데 그것이 말이 됩니까? 그것은 성령님을 빙자해서 하나님의 말씀을 묵상하지 않고 공부하지 않는 게으른 자의 변명밖에 되지 않습니다.

복이 있는 자는 주야로 여호와의 율법을 묵상하는 자입니다. 하나님의 말씀을 연구하지도 묵상하지도 않는 사람이 하나님의 말씀을 전하는 위치에 있다는 것은 위험한 일입니다.

나중에 그분은 그 후로 얼마 가지 않아서 목회를 그만두었다는 말을 들었습니다. 그것은 하나님의 말씀을 가볍게 여기는 자가 거두는 당연한 결과입니다.

하나님이 주시겠다고 약속하신 땅도 사람들로 하여금 자세히 조사하게 한 다음에 그 정보를 토대로 계획을 세워서 정복하게 하시는 분이 하나님이십니다. 하나님의 일일수록 충분한 조사와 준비가 앞서야 한다는 원리가 잘 나타나 있는 말씀인 것입니다.

저는 미국의 신학교에서 학생들을 가르치면서 '어째서 성령님께서는 목회자가 주일날 설교할 성경의 본문을 가르쳐 줄 수 없는가' 하는 것에 대해서 이야기한 적이 있었습니다. 물론 성령님은 모든 것을 가르쳐 주실 수 있는 분입니다. 설교할 성경의 본문이나 그 내용이나 그에 필요한 예화나 간증, 본문에서 발견할 수 있는 영원한 진리나 교훈도 가르쳐 주실 수 있습니다. 그리고 그 내용을 어떻게 전달할 것인가 하는 방법도 가르쳐 주실 수 있습니다.

그러나 설교하는 그 순간에만 성령님을 의존하고, 자기 자신은 아무것도 안 한다는 것은 직무유기이고 태만인 것입니다. 이것은 성령님의 이름으로 전혀 엉뚱한 이야기를 하는 위험성을 내포한 것이기도 합니다.

우리가 조사하고 정보를 수집하는 모든 과정에도 함께하시는 분이 바로 하나님 아니십니까? 그래서 하나님은 정보를 수집하러 가는 정탐꾼들을 각 지파에서 족장된 자들로 뽑으라고 말씀하신 것이었습니다.

각 임무에는 그 임무에 적당한 인물들이 있기 마련입니다. 하나님께서는 이미 다 준비를 해 두시는 분입니다.

교회에서도 마찬가지입니다. 하나님께서는 교회마다 사역하는 일에 적임자를 보내 주시고 그 사람을 통하여 합력하여 선을 이루는 모범을 보이게 하십니다. 지도자가 어떤 일에 어떤 사람이 적합하며 어떤 사람에게는 어떤 은사가 있는지를 아는 것은 매우 중요합니다. 모든 하나님의 일에는 임무에 맞는 적격자가 있는 것입니다.

교회는 그 교회 직분에 대한 전통이 있습니다. 예를 들면, '구역장은 1년씩 돌아가면서 한다' 라고 생각하는 것입니다. 그 속에는 구역장은 힘든 것이어서 1년이면 할 만큼 했다는 생각이 들어 있습니다.

그러나 그러한 전통이나 관례가 꼭 옳은 것만은 아닙니다. 이미 있는 제도라 할지라도 불합리한 점이 있다면 점차적으로 고쳐나가야 합니다. 오랜 관례가 되어 있는 것을 바꾸는 것은 쉽지 않는 일입니다. 그러나 그 교회의 특성이나 사람들의 특성상 바꾸어야 할 필요가 있다고 판단되면 더 효과적인 방법으로 개선해야 합니다. 다른 직분보다도 구역장의 은사가 있는 사람인데 단순히 관례가 1년이라는 이유로 그만두게 하고, 구역장보다는 다른 사역을 훨씬 더 잘할 수 있는 사람인데 그 사역을 맡긴다는 것은 잘하는 일이라고 볼 수 없습니다.

사람마다 하나님께서 주신 은사를 최대한 발휘하면서 살 수 있도록 도와 주고 의욕을 갖고 일을 할 수 있도록 하는 것이 중요합니다. 하나님께서 그 사람에게 주신 은사를 발휘할 수 있는 자리에서 일하는 사람이야말로 즐겁게 살 수 있는 것입니다.

잘 할 수 있는 일이 있는데도 못하게 하고, 별로 관심도 없고 은사도 없는 일을 맡기는 것은 하나님이 주신 은사를 사장시키고 본인도 삶의 의욕을 잃게 하는 것입니다. 은사에 따라 적절한 사람을 찾아서 적절한 사역을 맡기는 것은 그 일의 성패를 가르는 중요한 열쇠가 됩니다.

"그들의 이름은 이러하니라 르우벤 지파에서는 삭굴의 아들 삼무아요 시므온 지파에서는 호리의 아들 사밧이요 유다 지파에서는 여분네의 아들 갈렙이요 잇사갈 지파에서는 요셉의 아들 이갈이요 에브라임 지파에서는 눈의 아들 호세아요 베냐민 지파에서는 라부의 아들 발디요 스불론 지파에서는 소디의 아들 갓디엘이요 요셉 지파 곧 므낫세 지파에서는 수시의 아들 갓디요 단 지파에서는 그말리의 아들 암미엘이요 아셀 지파에서는 미가엘의 아들 스둘이요 납달리 지파에서는 웝시의 아들 나비요 갓 지파에서는 마기의 아들 그우엘이니 이는 모세가 땅을 탐지하러 보낸 자들의 이름이라 모세가 눈의 아들 호세아를 여호수아라 칭하였더라"(민 13:4-16).

4-16절까지는 사람을 찾으라는 하나님의 말씀에 대한 모세의 순종이 나타나 있습니다. 모세는 하나님의 말씀에 따라서 각 지파에서 한 사람의 유능한 사람들을 선택했습니다. 그리고 그 이름을 다 기록했습니다.

이것을 보면 하나님의 일을 하는 사람의 이름은 영원히 기록된다는 것을 알 수 있습니다. 그 사람이 어떤 사람인지를 전혀 알지 못하는 우리들에게까지 3,500년 지난 지금도 그 이름이 전해져 내려오고 있는 것입니다. 하나님께서 선택한 사람이기 때문에 그 이름이 이렇게 오래 남을 수 있었던 것입니다.

주님을 섬기는 모든 성도들의 이름도 하나님의 생명책에는 아주 선명하게 기록이 되어 있을 것입니다.

느헤미야 3장은 성경에서 가장 재미없는 내용 중 하나일 것입니다. 예루살렘 성을 재건하는 데 누가 어느 부분을 보수했는가 하는 내용으로 가득차 있기 때문입니다. 그래서 재미없습니다.

그런데 저는 그 본문을 가지고 설교를 한 적이 있습니다. 성경은 예루살렘 성을 재건하는 사람의 이름을 다 기록해 놓았습니다. 성벽재건에 협력한 사람들의 이름이 다 포함되어 있습니다.

뿐만 아니라 드고아 사람들 가운데 귀족들만 협조를 하지 않았다는 것까지도 기록을 해 놓았습니다. 2,500년 전의 이야기인데도 누가 협조를 했으며 누가 협조하지 않았는지를 그 후손들까지 알 수 있도록 세밀하게 기록을 해 놓은 것입니다. 그래서 대대로 오명으로 남아 있는 것입니다. 하나님의 사역에 참여하고 참여 여부가 이렇게 오래도록 역사의 기록에 남아 있습니다. 미래의 사역도 마찬가지입니다.

그 당시 예루살렘의 시장에게는 아들이 없어서 그 딸들이 이 사역에 참여했다는 것까지도 다 기록을 해 두었습니다. 아들만 하나님의 사역에 참여할 수 있는 것도 아니고 재주나 재력이 있는 사람들만 참여할 수 있는 것도 아닙니다. 누구든지 참여한 자를 하나님은 기억합니다.

또 어떤 그룹은 두 몫을 했다고 기록되어 있습니다. 그런 그룹 중의 하나가 바로 제사장의 그룹입니다. 보통 사람들이 한 몫을 할 동안에 두 세 사람의 몫을 하기도 합니다. 이것은 물리적인 능력의 차이라기보다 그 사람의 마음가짐과 정신력의 차이라고 말할 수 있습니다.

다른 그룹들은 그저 일을 했다고 되어 있는데 단 한 그룹만 일을 열심히 했다는 기록을 남기기도 했습니다. 똑같은 일을 하면서도 열정을 다해서 했다는 것입니다.

어떤 일을 하든 마찬가지입니다. 신명나게 열심히 하는 사람이 있는가 하면 마지못해서 그럭저럭 하는 사람이 있습니다. 같은 시간을 들여서 하는 일이라면 열심히 하는 것이 좋지 않겠습니까? 그리고 그렇게 열심히 일하는 사람으로 기록되는 것이 영광스럽지 않겠습니까?

이렇게 아주 재미없어 보이는 성결 구절이라 할지라도 어디에 초점을 맞추어서 읽느냐에 따라서 의미있는 성경 구절이 될 수 있는 것입니다.

모세는 각 지파에서 뽑혀나온 사람들 중에 호세아라는 사람의 이름을 여호수아로 바꾸어 주고 아주 중요한 인물로 삼았습니다.

16절을 다시 한번 보십시오.

"이는 모세가 땅을 탐지하러 보낸 자들의 이름이라 모세가 눈의 아들 호세아를 여호수아라 칭하였더라."

나머지 열 한 사람에 대해서는 아무 언급이 없습니다. 단지 무슨 지파의 누구라고만 되어 있습니다. 그런데 유독 눈의 아들 호세아만은 여호수아라고 이름을 바꾸어 주었다는 말이 나옵니다.

구약에서 이름이 바뀐다는 것은 그 사람의 인생이 바뀌고 역할이 바뀐다는 것을 의미했습니다. 그래서 이름이 중요한 것입니다. 새 이름을 얻으면 새 사람이 되는 것입니다. 아브람이 아브라함, 사래가 사라, 야곱이 이스라엘, 사울이 바울로 바뀔 때마다 그 사람들의 인생에는 아주 중대한 변화가 일어났던 것입니다. 인생의 새 단계로 들어가는 것입니다.

여기서도 모세는 "구원"이라는 뜻의 호세아를 "하나님은 구원시이
다"라는 뜻의 여호수아로 바꾸면서 그에게 아주 중요한 임무를 부여
하고 그의 인생에 한 획을 긋게 했습니다. 여호수아라는 말은 히브리
어로 '예수' 라는 이름과 같은 말입니다.

이제 그는 이름을 바꾸는 것을 출발로 해서 특별한 임무를 지닌 사
람이 되었던 것입니다.

여호수아에게 주어진 임무는 네겝을 지나 산으로 올라가서 그 땅을
파악하는 것입니다.

17-20절을 보십시오.

> "모세가 가나안 땅을 탐지하러 그들을 보내며 이르되 너희는 남방
> 길로 행하여 산지로 올라가서 그 땅의 어떠함을 탐지하라 곧 그 땅
> 거민의 강약과 다소와 그들의 거하는 땅의 호불호와 거하는 성읍이
> 진영인지 산성인지와 토지의 후박과 수목의 유무니라 담대하라 또
> 그 땅 실과를 가져오라 하니 그 때는 포도가 처음 익을 즈음이었더
> 라."

네겝은 사해 서남쪽의 사막지역을 이르는 말입니다. 정탐꾼들의 임
무는 첫째, 그 사막 지역의 거주민들의 상태, 즉 그 사람들의 수와 세
력을 파악하는 것입니다. 둘째는 그 땅의 상태가 어떠한지를 파악하
는 것이고, 셋째는 도시의 상태를 파악하는 것이고, 넷째는 토질이 옥
토인지 쓸모없는 땅인지를 파악하는 것이고, 다섯째는 그 땅에서 자
라는 나무들의 열매와 수종을 파악하는 것입니다. 그리고 마지막으

로는 용기를 잃지 말라고 당부하였습니다.

어려운 일은 용기 있는 자들만이 성취할 수 있는 것입니다. 인생의 성공은 나약한 자나 비겁한 자의 것이 아닙니다. 성공은 적극적이고 용기있는 자들의 것입니다.

여호수아서를 읽으면 하나님께서 계속 "너는 강하라", "담대하라", "용기를 가져라"라는 말씀으로 용기를 북돋워 주심을 알 수 있습니다. 큰 일을 하려고 하는 사람일수록 계속 반복해서 용기를 북돋우는 이야기를 하고 자기 자신을 격려해야 합니다. 그래야만 어려운 일이 생겨도 다시 일어날 수 있는 것입니다.

인생이라는 싸움터에서 얼마나 많은 실패와 좌절을 겪어야 하는지 모릅니다. 그럴 때마다 자신에게 용기를 주는 말을 해서 자신을 갖고 다시 일어서게 하는 것이 중요한 것입니다.

정탐꾼들의 보고

"이에 그들이 올라가서 땅을 탐지하되 신 광야에서부터 하맛 어귀 르홉에 이르렀고 또 남방으로 올라가서 헤브론에 이르렀으니 헤브론은 애굽 소안보다 칠년 전에 세운 곳이라 그 곳에 아낙 자손 아히만과 세새와 달매가 있었더라 또 에스골 골짜기에 이르러 거기서 포도 한 송이 달린 가지를 베어 둘이 막대기에 꿰어 메고 또 석류와 무화과를 취하니라 이스라엘 자손이 거기서 포도송이를 벤 고로 그 곳을 에스골 골짜기라 칭하였더라"(민 13:21-24)

21-24절을 보면 여호수아와 함께 뽑힌 자들은 헤브론에서 아낙 자손을 보았고, 에스골 골짜기에 이르러서는 포도 한 송이 달린 가지를 베어 둘이 막대에 꿰어 매고 또 석류와 무화과나무를 가지고 왔습니다. 아마 이 때는 가나안의 추수기인 7-8월 정도 되는 것 같습니다. 9-10월이 되면 이미 포도즙을 짜기 때문입니다.

객관적인 정보 보고

염탐을 마치고 돌아온 열두 정탐꾼들은 보고를 합니다. 정탐꾼들이 가나안 땅에서 가져 온 정보들은 객관적인 내용과 그 사실로 미루어 짐작할 수 있는 주관적인 해석들이 있습니다.

사실 자체는 해석을 포함하지 않습니다. 단지 주어진 사실들을 보고 나름대로 해석해야 합니다. 성경도 이미 몇 천 년 전에 씌어진 것을 지금 우리들이 읽으면서 해석을 하는 것이고, 마찬가지로 우리의 인생에서 일어나는 사건들을 어떻게 해석할 것인가 역시 자기 자신에게 달린 것입니다.

똑같은 사실을 놓고서 희망을 갖느냐 절망을 하느냐 하는 것은 오직 그것을 해석하는 사람의 마음에 달려 있습니다. 그 일은 다른 어떤 사람도 대신해 줄 수 없는 일입니다.

해석도 어떤 기준을 가지고 해석을 하느냐에 따라서 긍정적이고 적극적인 것이 될 수도 있고, 부정적이고 소극적인 것이 될 수도 있습니다. 그래서 같은 사건도 해석자의 도구에 따라서 극과 극으로 달라질 수 있는 것입니다. 인생은 해석입니다.

25-29절은 정탐꾼들의 보고 내용입니다.

"사십일 동안에 땅을 탐지하기를 마치고 돌아와 바란 광야 가데스에 이르러 모세와 아론과 이스라엘 자손의 온 회중에게 나아와 그들에게 회보하고 그 땅 실과를 보이고 모세에게 보고하여 가로되 당신이 우리를 보낸 땅에 간즉 과연 젖과 꿀이 그 땅에 흐르고 이것은 그 땅의 실과니이다 그러나 그 땅 거민은 강하고 성읍은 견고하고 심히 클 뿐 아니라 거기서 아낙 자손을 보았으며 아말렉인은 남방 땅에 거하고 헷인과 여부스인과 아모리인은 산지에 거하고 가나안인은 해변과 요단 가에 거하더이다"(민 13:25-29).

정탐꾼들은 객관적으로 사실을 이야기하고 있습니다. 정탐꾼들의 말이 그곳에는 과연 곳곳에 젖과 꿀이 흐르고 있었고 과일들도 크고 풍부한 땅이라는 것입니다. 그리고 그 땅의 거민은 강하고 건장하다는 것이었습니다. 특히 헤브론에 사는 사람들은 거인들이었던 것 같습니다. 그래서 용기 있는 갈렙이 헤브론을 자기에게 달라고 했을 것입니다. 기왕에 싸울 것이면 그 사람들과 싸울 생각을 했던 것입니다.

성읍도 성곽으로 싸여진 큰 도시들이었습니다. 산에는 헷인과 여부스인과 아모리인이 거하고 가나안인은 해변과 요단 강가에 거하고 있었습니다. 이런 것들이 객관적인 정보의 내용이었습니다. 보고 들은 대로 묘사한 것입니다.

그런데 이런 객관적인 상황을 놓고 어떻게 해석을 해야 할 것인가 하는 것은 해석하는 사람의 개인적인 주관에 달린 것입니다. 그래서 상황에 열쇠가 있는 것이 아니고 해석에 열쇠가 있는 것입니다. 자기 자신이 해석을 어떻게 하는가에 따라서 행복해질 수도 있고 불행해

질 수도 있습니다. 인생은 해석에 따라 달라질 수 있습니다.

어려운 상황이 벌어졌는데 그 사람이 그 상황을 보고 로마서 8:28을 암송하고 적용하면 결국 "모든 것이 합력하여 선을 이루게 되는 것"입니다. 누가 무슨 말을 하든지 객관적인 상황이 어떠하든지를 떠나서 상황에 대한 해석을 선하게 하고 긍정적으로 하면 선한 기회가 될 수 있는 것입니다. 그런 사람에게는 어떤 상황도 불행하게 할 수 없습니다.

어떤 상황에서도 절대자 하나님의 선하게 예비하신 뜻이 있다고 믿는 사람을 어떻게 불행하게 할 수 있겠습니까? 정말 괴로운 형편에서도 하나님을 바라보고 긍정적으로 사는 사람을 어떻게 불행하게 할 수 있겠습니까?

우리 자신을 불행하게 만들 수 있는 사람은 단 한 사람, 바로 자기 자신뿐입니다. 누가 믿음이 있는 사람이고, 누가 성화된 사람이냐 하는 것의 기준은, 누가 예수님처럼 처음부터 끝까지 일관성있게 믿음으로 상황을 해석하는가 하는 것입니다.

예수님은 어떤 상황에서도 후회한 적이 없는 분입니다. 자기 자신과 그 처해진 상황을 완전히 해석해서 일관성을 가지고 살았던 분이었습니다. 단 한 번, 십자가를 지기 전에 흔들리는 것처럼 보인 적도 있었지만, 그러나 그 때에도 자신의 뜻보다는 아버지의 뜻대로 행하기를 원하셨습니다. 그래서 예수님께서 이루어야 할 일을 완성하셨고 모든 사람의 모범이 되신 것입니다.

성화된 사람일수록 꾸준하고 지속적이고 일관성 있는 믿음으로 상황을 해석하고 그에 따라 행동합니다. 이런 훈련이 잘 되어 있으면 성숙한 사람이고, 아직 잘 되어 있지 않으면 미성숙한 사람입니다. 그래서 이런 훈련이 잘되어 있는 사람은 삶에 어떤 일이 와도 자신이 불행하다거나 절망하는 법이 없습니다. 성도들의 대부분은 아마도 이런 훈련을 거치는 중일 것이기 때문에 희망과 절망 사이를 왔다갔다 하는 것입니다.

갈렙의 낙관적 해석

그러면 가나안의 객관적인 상황을 놓고 신앙적으로 잘 해석하는 모습을 갈렙을 통해서 보도록 합시다.

30절을 보십시오.

"갈렙이 모세 앞에서 백성들을 안돈시켜 가로되 우리가 곧 올라가서 그 땅을 취하자 능히 이기리라 하나."

여호수아는 리더십이 있었던 반면에 갈렙은 믿음의 힘이 있는 사람이었습니다. 갈렙은 일단 겁에 질려 있는 백성들을 안심시킵니다. 다른 사람들은 가나안의 성곽들과 그 안에 사는 사람들의 장대함에 겁을 먹고 감히 싸울 생각조차 하지도 못하고 있었는데 갈렙은 나서서 우선 백성들을 진정시켰던 것입니다. 모든 위기가 하나님의 사람에게 승리의 기회가 된다는 것을 갈렙은 알고 있었던 것입니다. 다른 사람들은 사기를 잃고 동요하고 불안해 했지만 갈렙은 전혀 달랐습니다.

갈렙은 지금 당장 올라가서 그 땅을 정복하자고 말합니다. 그것은

하나님의 뜻을 성취하자는 것이었습니다. 가데스 바네아에서 가나안
까지 들어가는 데는 한두 주일 정도밖에 걸리지 않습니다. 그런데 그
런 거리에서 38년을 헤매고 다녔던 것을 생각하면 하나님을 믿지 않
는 불신앙이 주는 손해가 얼마나 큰 것인지 알 수 있을 것입니다.

　불신앙은 그 대가가 너무 큽니다. 그저 북쪽으로 똑바로 올라가기
만 하면 되는데 그렇게 안 하고 광야에서 헤매고 다니던 것을 생각해
보십시오. 그런 불신앙 때문에 걸린 시간이 얼마나 길었습니까? 그
사이에 애굽을 탈출했던 세대는 가나안 땅을 밟아 보지도 못하고 광
야에서 죽고 말았던 것입니다.

　하나님이 함께하실 때 모든 일이 가능하다는 믿음을 갖고 행동하면
이루어지는 것입니다. 그러나 할 수 없다고 생각하고 전혀 시도해보
지 않은 일이 성취된 것은 아무것도 없습니다. 행하는 자만이 이룰 수
있습니다.

　어렵고 힘들다는 것은 그것을 이루기 위해서 고생을 한다는 것이지
그것을 이룰 수 없다는 것을 의미하지는 않습니다. 객관적인 정보는
여러 사람들에게 똑같이 주어지는 것이지만 그것을 해석하는 것은
각 사람에게 달린 것이고, 같은 상황하에서도 얼마든지 정반대의 결
과를 가져올 수 있습니다.

　해석에 따라 결과는 극과 극으로 달라질 수도 있습니다. 그만큼 해
석은 중요합니다. 인간의 전망이나 눈앞의 상황을 따라서만 해석해서
는 안 됩니다. 믿음의 해석이 더 힘이 있는 것이고 결정적인 것입니다.

다수의 비관적 해석

신앙적인 해석은 말이 많이 필요없습니다. 믿음으로 전진하자는 것이면 됩니다. 반면에 불신앙적 해석은 말이 많습니다.

31-33절을 보십시오.

> "그와 함께 올라갔던 사람들은 가로되 우리는 능히 올라가서 그 백성을 치지 못하리라 그들은 우리보다 강하니라 하고 이스라엘 자손 앞에서 그 탐지한 땅을 악평하여 가로되 우리가 두루 다니며 탐지한 땅은 그 거민을 삼키는 땅이요 거기서 본 모든 백성은 신장이 장대한 자들이며 거기서 또 네피림 후손 아낙 자손 대장부들을 보았나니 우리는 스스로 보기에도 메뚜기 같으니 그들의 보기에도 그와 같았을 것이니라."

이상한 것은 열두 명이 가서 똑같은 것을 보고 왔는데 열 명은 불가능하다고 말하고 두 명은 가능하다고 하는 것입니다. 그 이유는 해석의 잣대가 다르기 때문입니다. 갈렙과 여호수아는 신앙이라는 도구를 가지고 상황을 해석하고 있습니다. 그런데 다른 사람들은 불신앙을 가지고 상황을 해석합니다.

그들은 상대방이 자신들보다 너무 강하다고 생각하고 지레 겁을 먹고 있었습니다. 상황만 보았지 상황을 이길 수 있는 하나님을 본 것이 아니었습니다. 두 사람은 하나님을 보았고 열 사람은 적들만 본 것입니다. 여호수아와 갈렙은 문제의 해결자를 보았고 다른 사람들은 문제만을 본 것입니다.

우리는 신, 구약을 통해서 여러 종류의 사람들을 만날 수 있는데,

그들이 고난의 환경을 어떻게 바라보았으며 그에 따라 어떤 삶을 살았는지 성경을 통해 알 수 있습니다.

인생은 해석이다

나를 볼 것이냐, 문제를 볼 것이냐, 하나님을 볼 것이냐 하는 것은 자기 자신에게 달렸습니다. 문제는 바라볼수록 더 어려워보입니다. 그리고 머릿속에서 과장되어 커지게 되어 있습니다. 문제 자체가 문제가 아니라 문제를 보는 눈이 문제입니다.

문제가 생기면 문제만을 보지 말고 문제를 해결하시는 분을 바라보아야 합니다. 문제를 싸안고 이리저리 굴리면서 키워나가다 보면 나중에는 절망해서 죽고 싶다는 결론에 이르기 쉽습니다.

해석은 해결자를 바라보고 해석해야 합니다. 문제만 보면 어둠 속에 갇혀 있을 수밖에 없습니다.

우리는 13장에서 인생을 살면서 배울 수 있는 가장 큰 교훈 가운데 하나를 공부하고 있습니다. 그것은 같은 상황을 어떻게 보느냐에 따라 삶이 달라진다는 것입니다.

공포심은 실제로 상대방이 커서가 아니라 자기 자신이 작아져서 스스로를 메뚜기처럼 작아지게 만드는 방해물입니다. 문제를 실제보다 과장해서 생각하게 만드는 것입니다.

어떤 사람은 별로 큰일이 아닌데도 비관적으로 생각해서 엄청난 일로 해석을 하고 절망에 빠집니다. 그렇게 엄청난 일도 아니고 해결할 방법이 없는 것도 아닌데 본인만 그렇게 생각하고 있는 것입니다.

하나님이 살아계시는 한 성도들의 삶에 절망은 없습니다. 하나님을 바라보지 않고 자기 자신과 문제만을 확대해서 보기 때문에 절망하는 것입니다.

인생의 가장 큰 적 가운데 하나가 근거 없는 공포심입니다. 한 번 절망에 빠진 사람들은 계속해서 부정적인 해석만을 하게 되어 있습니다. 그런 사람에게는 숙제를 주어서 자기 자신이 부정적으로 생각하고 있는 것을 백지에 다 적어 놓고 다시 그 하나하나에 대한 긍정적 해석을 써 가지고 오라고 할 필요가 있습니다.

생각의 방향만 바꾸면 절망에서 금방 희망으로 갈 수 있습니다. 그리고 이렇게 마음을 바꾸는 데는 로마서 12:2이 아주 좋은 계기를 제공해 줍니다. 믿지 않는 정신과 의사들도 환자들에게 이 로마서의 말씀과 같은 방법으로 치료를 합니다.

"너희는 이 세대를 본받지 말고 오직 마음을 새롭게 함으로 변화를 받아 하나님의 선하시고 기뻐하시고 온전하신 뜻이 무엇인지 분별하도록 하라."

마음을 새롭게 하여 사고방식을 바꾸면 하나님의 선하시고 온전하신 뜻을 발견할 수 있게 되는 것입니다. 그 사람의 마음이 변화되면 모든 것이 변화됩니다. 상황은 전혀 변한 것이 없는데도 전과는 전혀 다른 해석을 하게 되고 기쁨과 감사가 넘치는 생활을 할 수 있게 되는 것입니다.

하나님 없이 심리학적인 방법으로도 삶의 긍정적 변화를 가져올 수 있는데 하물며 하나님을 마음에 모신 사람이라면 더이상 설명할 필요가 없는 것입니다.

인생은 결국 해석입니다. 객관적인 사건과 상황은 우리 주위에서 항상 일어나고 있지만, 누가 지속적으로 훌륭하게 해석을 해내느냐에 따라 삶의 결과는 전혀 다르게 나타나는 것입니다. 신앙의 눈으로 해석하는 사람은 낙관적 해석을 하게 되고, 불신앙의 눈으로 해석하는 사람은 비관적인 해석을 하게 되어 있습니다.

우리의 해석이 행복과 불행을 결정합니다. 성공과 실패를 좌우하고 때로는 삶과 죽음을 나누기도 합니다. 따라서 상황에 대한 해석을 잘하는 훈련을 계속해 나가는 것이 신앙생활의 승패를 가름하는 열쇠가 됩니다.

문제만 바라보지 마시고 문제의 해결자이신 하나님을 바라보십시오. **하나님 안에 모든 문제의 해결책이 있습니다.** 진짜 문제는 적이 얼마나 강한가에 있는 것이 아니라 하나님이 얼마나 강한가에 달려 있습니다.

믿음의 눈으로 바라보십시오.

불신앙은 자멸의 길이다

여호와께서 모세와 아론에게 일러 가라사대 나를 원망하는
이 악한 회중을 내가 어느 때까지 참으랴 이스라엘 자손이 나
를 향하여 원망하는 바 그 원망하는 말을 내가 들었노라 그들
에게 이르기를 여호와의 말씀에 나의 삶을 가리켜 맹세하노
라 너희 말이 내 귀에 들린 대로 내가 너희에게 행하리니 너
희 시체가 이 광야에 엎드러질 것이라 너희 이십 세 이상으로
계수함을 받은 자 곧 나를 원망한 자의 전부가 여분네의 아들
갈렙과 눈의 아들 여호수아 외에는 내가 맹세하여 너희로 거
하게 하리라 한 땅에 결단코 들어가지 못하리라 너희가 사로
잡히겠다고 말하던 너희의 유아들은 내가 인도하여 들이리니

그들은 너희가 싫어하던 땅을 보려니와 너희 시체는 이 광야
에 엎드러질 것이요 너희 자녀들은 너희의 패역한 죄를 지고
너희의 시체가 광야에서 소멸되기까지 사십 년을 광야에서
유리하는 자가 되리라 너희가 그 땅을 탐지한 날 수 사십 일
의 하루를 일 년으로 환산하여 그 사십 년간 너희가 너희의
죄악을 질지니 너희가 나의 싫어 버림을 알리라 하셨다 하라
나 여호와가 말하였거니와 모여 나를 거역하는 이 악한 온 회
중에게 내가 단정코 이같이 행하리니 그들이 이 광야에서 소
멸되어 거기서 죽으리라

불신앙은 자멸의 길이다

통곡하는 이스라엘

부정적인 생각은 부정적인 반응을 일으키고 부정적인 결과를 가져옵니다. 정탐꾼 열 명의 비관적 보고는 이스라엘 대중의 비관적인 반응을 일으켜 이스라엘 백성들을 통곡하게 만들었습니다. 1-3절을 보십시오.

"온 회중이 소리를 높여 부르짖으며 밤새도록 백성이 곡하였더라 이스라엘 자손이 다 모세와 아론을 원망하며 온 회중이 그들에게 이르되 우리가 애굽 땅에서 죽었거나 이 광야에서 죽었더면 좋았을 것을 어찌하여 여호와가 우리를 그 땅으로 인도하여 칼에 망하게 하려 하는고 우리 처자가 사로잡히리니 애굽으로 돌아가는 것이 낫지 아니하랴."

이스라엘 백성들은 가나안을 정탐하고 돌아온 정탐꾼들의 보고를 듣고 나자 밤새도록 곡하면서 모세와 아론을 원망했습니다. 그리고 차라리 광야에서 죽었거나 노예로 살더라도 애굽으로 돌아가는 것이 낫겠다고까지 말합니다.

공동체의 리더가 비관적으로 상황을 판단하면 그를 따르는 백성들은 그 영향을 받지 않을 수 없게 됩니다. 인간은 타락한 죄성 때문에 부정적인 방향으로 기울어질 가능성을 언제나 가지고 있습니다. 성경의 역사를 보아도 그렇고 교회사를 보아도 그렇습니다.

교회에서는 제직회를 비롯한 많은 부서들이 조직적으로 움직이고 있습니다. 그런데 인간의 본성 속에 있는 죄의 성품은 자멸케 하는 경향을 가지고 있습니다. 그냥 놓아두면 우리를 분해시켜 파괴로 끌고 갑니다.

죄는 그 자체에 파괴하는 본성과 경향이 있습니다.

어거스틴은 인간의 성품을 설명하면서, 아담과 하와가 타락하기 전에는 죄가 없었지만 죄를 범할 수 있는 가능성은 있는 시대였고, 타락한 후부터는 사람들이 죄를 범하지 않을 수 없는 시대가 되었다고 말했습니다. 그리고 예수님을 믿게 되면 그 사람 안에 죄성은 있지만 하나님의 성품이 함께 나타나기 때문에 죄를 범하지 않을 수 있는 능력이 생기고 인생이 끝나면 우리가 완전히 성화되어서 죄를 범할 수 있는 능력이 없어진다고 설명했습니다.

인간의 상태는 모두 두 번째나 세 번째 카테고리이기 때문에 안 믿는 사람은 범죄하지 않을 수 있는 능력이 없고, 믿는 사람들은 죄를 범하지 않을 수 있는 능력이 있습니다.

죄성의 상태를 그냥 두면 죄가 우리를 파멸로 자연스럽게 이끌고 갑니다. 그러므로 이스라엘 백성들 대부분이 부정적인 선동에 동조하게 되었던 것은 당연한 것이었다고 볼 수 있습니다.

동일한 사건을 놓고 믿음의 사람들이 긍정적 반응을 하는 반면에 믿음이 없는 사람들은 부정적 반응을 일으킵니다. 일반적으로 대중은 신앙적 지도자가 새로운 질서를 일으키는 신앙적 힘을 투입하지 않는 한 패배적으로 움직이게 되어 있습니다. 그래서 하나님의 능력을 받은 성숙한 지도자가 필요한 것입니다.

인간의 본성이 요구하는 대로 놓아두면 성도들도 마찬가지로 모든 것을 어둡고 불안한 쪽으로 생각하게 됩니다. 그러나 그리스도를 영접한 후 계속해서 하나님의 말씀을 묵상하고, 기도의 훈련을 받고, 신앙적 교제를 하며, 또 예배생활을 꾸준히 하게 되면 점차적으로 성숙해져서 부정적인 죄의 품성에서 벗어나 하나님의 긍정성을 회복하게 되어 있습니다. 이렇게 교회의 영적인 역사가 끊이지 않고 계속되는 것입니다.

그렇지 않고 가만히 두면 열두 명 중에 열 명은 부정적인 생각을 하게 되어 있습니다. 이것은 우리 속에 자멸의 경향성을 지닌 죄성이 있기 때문에 어쩔 수 없는 현상입니다. 그래서 영적인 새로운 에너지 투입이 계속 필요한 것입니다.

목회자인 저 자신 속에서도 때때로 부정적인 생각들이 숨어 있음을 발견할 때가 있습니다. 기대하지 않았던 어려운 형편이 나타나면 먼저 머릿속에 떠오르는 생각은 부정적이고 위험스러운 쪽으로 움직이는 것을 종종 발견하게 됩니다. 기도를 하고 있는 중에도 정신을 차려 보면 전혀 엉뚱한 생각을 하고 있거나 마음 가운데에 부정적인 생각들이 들어와 있음을 알고 놀라기도 합니다.

제 속에 어두운 생각을 발견할 때는 지체없이 주기도문을 외우기도 하고 사도신경이나 시편 1편, 23편, 121편을 아주 열심히 외우면서 마음을 하나님께로 향하게 하며 다스립니다. 그러고 나면 다시 힘을 얻게 되고 희망적인 생각을 가지고 일할 수 있게 됩니다.

이렇게 마음을 다스리지 않고 그냥 두면 강물에 풀잎을 하나 띄워놓은 것처럼 마음이 부정적인 생각으로 휩쓸려 가게 됩니다. 이런 경향은 누구에게든지 있습니다.

대중이 이렇게 부정적인 생각을 할 때에 지도자들마저 부정적인 마음을 갖게 되면 그 공동체는 그야말로 절망의 나락으로 떨어지게 됩니다. 그렇지 않아도 대중은 잘 되지 않는 쪽으로 생각하는 경향이 있는데 지도자가 그것을 바르게 잡아주지 못하고 같이 휩쓸리게 되면 그 공동체는 한순간에 무너질 수 있습니다. 한두 사람이 부정적으로 말해도 마음이 어두워지는데 열두 명 중에 열 명이 부정적인 판단을 한다면 더 말할 나위가 없습니다. 그래서 지도자들의 책임이 크고 무겁다는 것을 알아야 합니다.

열 명의 믿음 없는 정탐꾼들의 말을 들은 이스라엘 사람들은 즉시 지도자인 모세와 아론을 원망하고 불평합니다.

"이에 서로 말하되 우리가 한 장관을 세우고 애굽으로 돌아가자 하매"(민 14:4)

원망과 불평은 아예 시작을 하지 말아야지 한 번 터지면 걷잡을 수 없게 되어 버립니다. 불평은 사소한 일로 시작되어도 한 번 터지면 엄청난 파괴력을 가지는 폭탄이 됩니다.

저는 제직회를 인도하면서도 "혹시 교회에 애로사항이 있다든지 고칠 점이 있으면 말씀하십시오"라는 말을 좀처럼 하지 않습니다. 좀더 나아지자고 그런 이야기를 꺼내지만 그 동안 쌓였던 불만을 터뜨리는 시간밖에 되지 않습니다. 걷잡을 수 없는 엔트로피로의 방향, 자멸하려는 방향으로 나가는 경향이 그런 때에 폭발해서 나타나기 때문입니다. 그래서 목회 초기에 그런 경험을 몇 번 하고 나서 다시는 그런 말을 하지 않게 되었습니다.

제가 처음 교회에 부임해 왔을 때 보니까 교회 신문이 있는데 한 쪽면 구석에 조그마한 가십난이 있었습니다. 교회에 대해서 불평을 할 수 있도록 공식적으로 지정된 란이었는데 교회의 신문기자들이 교회에 대해서 하고 싶은 이야기가 있거나 꼬집고 싶은 것이 있으면 짧게 싣고 있었습니다.

저는 일 년 동안은 그 란을 그대로 두었습니다. 처음부터 해 오던 것을 당장에 바꾼다는 것이 좋지 않은 영향을 줄 것이라고 생각했기 때문이었습니다. 그런데 성도들이 8면 신문 중에 다른 것에서는 다 은혜를 받는데 그 작은 란 하나 때문에 은혜가 깨어지고 함께 불평을 하게 된다는 것을 알았습니다.

그래서 한번은 그 신문을 만드는 편집진이 다 모인 자리에서 이야기를 했습니다. "교회의 신문은 일반 신문과는 달라야 한다. 교회의 신문은 신랄하게 비판을 하기 위해서 있는 것이 아니라 서로 세워 주기 위해서 있는 것인데, 이 작은 란 하나 때문에 교인들의 불평 불만을 증가시켜서 되겠느냐?"고 말했습니다. 불평이라는 것은 기회를 주지 않아도 나오게 되어 있는데 일부러 기회를 주고 다른 사람들까지 읽게 해서 기분을 상하게 하고 마음에 상처를 받게 해서야 되겠느냐고 했습니다.

교회신문은 어느 구석을 읽어도 은혜가 되고 희망이 생기고 사랑이 생기는 그런 신문이 되어야 합니다. 읽어서 낙심되거나 속이 상하게 되거나 부정적인 기분을 갖게 되면 그것은 교회신문으로서의 기능을 제대로 한다고 할 수 없습니다. 그 후로 저는 신문의 불평난을 없애버렸습니다.

어느 단체든 불평을 하자고 들면 얼마든지 불평거리가 쏟아져 나옵니다. 토론은 도움이 될 수 있어도 불평은 파괴력이 있습니다. 그저 짜증과 불신이 일어나게 할 뿐입니다.

사람들에게 불평할 기회를 주는 대신에 감사의 기회를 주어야 합니다. 저는 일을 잘 되도록 만든 사람들에게 간증을 할 수 있는 기회를 많이 줍니다. 잘못된 것만 자꾸 보고 들어서 사람들에게 부정적인 사고를 갖게 하는 것보다는 잘된 것을 보아서 자신도 열심히 노력하면 할 수 있다는 희망과 확신을 가질 수 있도록 하는 것이 더욱 좋다고 생각하기 때문입니다.

만일 목사님들에게 불평할 기회를 주어서 성도들이 목사님들에게 불평을 하는 정도만큼 불평을 하게 한다고 하면 아마 성도들이 놀랄 것입니다. 성도들은 자기 한 사람의 이야기라고 생각해서 목사님들에게 불평을 하지만 목사님들은 그렇게 생각하고 이야기하는 수백, 수천 사람들의 이야기를 듣는 것이 됩니다. 그러나 목회자들은 자신이 들은 이야기를 그저 삭히면서, 아무리 성도들이 부정적인 이야기를 하고 절망적인 이야기를 해도 그 사람을 격려해서 같이 나갈 수 있도록 인도해야만 하는 것입니다.

성도들은 작게라도 상처를 받는 일이 생기면 금방 부정적인 생각을 하고 하던 일조차도 그만두겠다고 합니다. 조금만 싫은 소리를 듣거나 누군가가 자신이 한 일에 대해서 비평하는 소리를 들으면 그 즉시 봉사하던 일에서 손을 떼겠다고 엄포를 놓기도 합니다. 이런 태도는 미숙한 어린이의 태도입니다.

특히 불평을 공개적인 자리에서 하지 않도록 해야 합니다. 공개적인 자리에서 하는 불평은 자신뿐만 아니라 다른 사람에게 큰 영향을 미치기 때문입니다.

만일 두 부서 사이에 문제가 생겼다고 합시다. 그런 일은 두 부서의 장이 만나서 두 사람이 잘 협상을 하고 해결하면 되는 것입니다. 그런데 그렇게 하지 않고 다른 사람들이 많이 있는 공개석상에서 그 이야기를 한다면 만인 중에서 그 말을 듣는 사람의 처지가 어떻게 되겠습니까?

성경에서도 권면하기를, 어떤 사람에게 잘못이 있으면 그 사람을 먼저 개인적으로 찾아가서 이야기를 하고, 그래도 듣지 않으면 두세 사람이 찾아가서 다시 대화를 하고, 그래도 소용이 없을 때에는 공론화 시키라고 권하고 있습니다. 이 두 단계를 거치지 않고 공론화 하는 것부터 시작하는 사람은 아무리 상대방이 잘못했다 하더라도 그것을 시정하도록 하는 방법에서는 오히려 잘못하고 있는 것입니다.

2-3절에서 나타난 이스라엘 백성들의 불평의 내용을 보시기 바랍니다. 그들은 차라리 애굽에서 나오지 않았거나 광야에서 죽었더라면 좋았을 것이라고 말합니다. 그리고 차라리 옛날로 돌아갔으면 좋겠다는 생각을 하면서 자신의 상황을 최악의 경우로 몰아가고 있습니다.

인간 마음의 변화 과정을 보면 이렇습니다.

먼저 잘못된 생각이 우리의 마음 가운데로 들어옵니다. 그러면 그 생각 때문에 잘못된 감정이 생깁니다. 대개 사람은 일차적으로 이성적이라기보다 감정적으로 움직입니다. 그리고 그 잘못된 감정에 의해서 잘못된 결정을 하게 되고 또 잘못된 행동을 하게 됩니다. 반복되는 잘못된 행동은 잘못된 습관을 낳습니다. 잘못된 습관이 계속되면 결국 잘못된 인격으로 굳어지게 되는 것입니다. 모든 것이 잘못된 생각에서 비롯되어 사람의 틀을 고정시키는 단계까지 이르게 합니다.

그래서 좋지 않은 인격이 형성된 사람을 고치려고 한다면 그 사람의 잘못된 생각을 먼저 고쳐야 합니다. 옳은 생각에서부터 출발해야 합니다. **좋은 생각에서 좋은 감정, 좋은 감정에서 좋은 행동, 좋은 행동**

에서 좋은 습관, 좋은 습관에서 좋은 인격이 형성되는 것입니다.

기독교에서 하는 일은, 자신의 죄성과 죄 때문에 하나님에게서 영원히 분리되어서 악령과 죄의 성품과 세속적인 것에 의해서 지배를 받는 사람을 예수 그리스도에 의해서 구원하고, 그 사람의 삶과 인격을 고치는 작업을 하는 것입니다. 잘못되어 있는 사람의 인격을 바꾸어 주는 것이 기독교 상담입니다. 죄인인 사람으로 하여금 그리스도의 인격을 닮게 하는 것, 이것 때문에 설교를 듣기도 하고, 성경공부를 하기도 하고, 기도를 하기도 하며, 찬양을 하기도 하고, 예배를 드리기도 하는 것입니다.

이렇듯 잘못된 생각은 그 사람을 잘못된 행동과 잘못된 인격으로 몰아갑니다. 그것 때문에 수많은 사람들이 불행 속에서 살고 있는 것입니다.

저는 가끔 "기독교인들이 천만이나 된다는 한국 사회가 왜 이렇게 부패하고 썩었느냐?"라는 말을 듣곤 합니다. 기독교가 무능하기 때문에 이 사회에서 아무런 역할을 하지 못하고 있다는 뜻입니다. 물론 그런 말이 한편으로는 일리가 있다고 생각합니다.

그러나 저는 그렇게 생각하기보다는 기독교인이 그만큼이라도 있으니 이 정도라도 되었다고 생각합니다. 천만의 기독교인들이 없으면 지금의 한국 사회가 지금보다 훨씬 더 어둡고 힘든 상황이었을 것입니다.

기독교인들이라고 모두 선하고 완전한 사람들은 아니지만 그래도 기독교인들은 하나님 앞에 회개하고 선하게 살게 해 달라고 기도하면서 다시 시작하지 않습니까? 그것이 개인적으로나 공동체에 얼마나 큰 역할을 하고 있는지 모릅니다. 그래서 이 정도라도 유지가 되고 있다는 것을 알아야 합니다. 그나마 이 혼탁한 탁류 속에서 기독교인들이라는 샘물이 흘러나오고, 그 물이 요소 요소에서 탁류를 맑게 하는 역할을 하고 있으므로 소돔과 고모라 같은 도시를 면하게 되는 것입니다. 그래서 기독교인들에게 정화 능력이 없다고 일방적으로 화살을 돌리는 것은 온당하지 못한 태도라고 생각합니다. 예수님 시대의 타락상과 가룟 유다의 배반이 예수님의 잘못 때문이 아닌 것처럼 말입니다.

국민일보에서 신학생들을 대상으로 "교회의 본질과 한국 교회의 사회적 선교적 역할"이라는 제목으로 신학논문을 모집한 적이 있습니다. 제가 그 논문 중 최종심의에 오른 일곱 편을 심사하게 되었습니다.

제가 어떤 논문을 읽으면서 느낀 것은 너무나 일방적으로 한국 교회를 비난하고 있다는 것이었습니다. 그 비판하는 것을 읽어 보면 일리가 없는 것은 아닙니다. 그러나 그 비판하는 내용은 어느 나라 교회에나 있는 것들입니다. 또, 한국 교회에만 있는 문제가 아닙니다. **교회는 완전한 사람들이 모인 곳이 아닙니다. 교회는 불완전한 사람들끼리 살아가면서 함께 선을 이루어나가는 공동체입니다.** 비판에는 언제나 객관성이 있어야 하고 사랑이 전제되어야 합니다.

어떤 공동체의 문제든지 간에 그 문제를 냉정하게 객관적으로 보는 눈이 필요합니다. 그 공동체를 구성하고 있는 사람들의 특성과 장단점을 잘 알아본 후에야 그것에 준해서 건전하고 발전적인 비판이 이루어질 수 있는 것입니다.

우리들은 완전히 성화되어 있는 사람들이 아닙니다. 다만 확실한 기준이며 목표가 되시는 예수 그리스도를 바라보면서 성숙을 향해 전진하고 있는 사람들이라는 것이 안 믿는 사람들과 다릅니다. 그래서 교회와 성도들은 내적, 외적 완전을 향해 부단히 전진해야 합니다.

이스라엘 백성들은 출애굽 사건을 하나님께서 자기들을 광야에서 죽이려고 만든 것이라고 생각하고 있으니 이 얼마나 부당한 생각입니까? 그렇게 부당한 생각을 하는 것은 불행을 자초하는 것입니다. 하나님께서 애굽에서 노예 생활을 하고 있던 이스라엘 백성들을 구해 내셔서 젖과 꿀이 흐르는 가나안 땅으로 인도하시고 복을 주시려는 것이 본래의 의도이신데, 이스라엘 백성들은 자신들을 멸망시키려 한다고 생각하고 있는 것입니다. 발전적이고 복된 사건을 그와 정반대로 생각하는 사람이 어떻게 하나님의 뜻을 이룰 수 있겠습니까? 인간의 죄성은 이렇게 희망을 절망으로 바꾸도록 유혹하는 올무입니다.

이들의 불행한 감정은 전적으로 자신들이 초래한 것이지 상황 자체 때문은 아니었습니다. **모든 일을 일관성 있게 신앙적으로 해석하고 행동하는 훈련은 영적 성화 과정에서 대단히 중요한 일입니다.** 아무리 어려운 일이 있어도 그것을 신앙적으로 해석을 잘 해내면 그 속에서 희망과 행복을 찾아낼 수 있습니다. 그것이 믿음 있는 사람의 태도이고 특징이라고 할 수 있습니다.

이스라엘 사람들과 한국 사람들은 비슷한 점들이 있는데 그 중 하나가 인생을 부정적으로 보는 경향입니다. 이렇게 어두운 생각을 갖게 된 이유는 아마 어두운 역사적 배경 때문이 아닌가 싶습니다. 그 비관적인 생각을 희망적인 생각으로 바꾸려면 우리 역사의 비극적인 피를 예수 그리스도의 생명의 피로 바꾸어 수혈해야 한다고 생각합니다.

우리는 잊지 말아야 합니다. **인생의 참된 행복은 인생에 대한 하나님다운 해석에 달려 있고 인간의 불행 역시 자신의 해석에 달려 있습니다.**

이스라엘 백성들은 한 사건을 놓고 겁을 내며 떨다가 결국은 망하는 결정을 합니다. "우리가 한 장관을 세우고 애굽으로 돌아가자"(4절)고 결론을 내린 것입니다. 그러나 역사는 뒤로 가지 않습니다. 앞으로만 갑니다.

모세와 아론의 충격

모세와 아론은 너무나 충격을 받아서 그 자리에서 회중 앞에 쓰러지고 말았습니다. 5절입니다.

"모세와 아론이 이스라엘 자손의 온 회중 앞에서 엎드린지라."

모세는 그 동안 강력한 지도력을 가지고 이스라엘 백성들을 이끌어

왔습니다. 하지만 이제는 나이도 들고 힘이 부치는 때가 되었습니다. 이스라엘 전체를 책임지고 있다는 것이 영광이라기보다 점점 강한 압박과 중압감으로 다가오는 시기가 된 것입니다.

그러나 다행스럽게도 차세대의 지도자들인 여호수아와 갈렙이 있었기 때문에 최고 지도자가 쓰러졌을 때 그들의 빈자리를 떠받치면서 공백을 메우게 되었습니다.

차세대 지도자인 여호수아와 갈렙은 다른 모든 사람들이 자신들이 처한 상황을 절망적으로 보는 가운데서도 희망을 읽고 있었습니다.

성공과 실패의 갈림길은 바로 여기에서 시작되는 것입니다. 성공을 생각하는 사람은 성공만을 보고, 실패를 생각하는 사람은 똑같은 상황에서도 실패만을 보곤 합니다. 긍정적인 시각과 사고로 잘 훈련된 사람에게는 지속적으로 승리만 보입니다. 이것이 훈련의 중요성입니다.

이스라엘 백성들이 너무나 믿음이 없고 부정적인 생각만을 하고 있어서 두 사람이 그들 앞에 쓰러질 정도로 상황이 심각하고 어려워진 것이었습니다. 그런데 이렇게 지도자들이 충격을 받고 쓰러질 때에 모두 함께 쓰러지면 문제가 걷잡을 수 없이 커지게 됩니다.

여호수아와 갈렙의 리더십
지도자들이 충격을 받고 쓰러지자 여호수아와 갈렙 같은 젊은 지도자가 그 일을 수습하러 나서게 됩니다.

6-8절을 보십시오.

"그 땅을 탐지한 자 중 눈의 아들 여호수아와 여분네의 아들 갈렙이 그 옷을 찢고 이스라엘 자손의 온 회중에 일러 가로되 우리가 두루 다니며 탐지한 땅은 심히 아름다운 땅이라 여호와께서 우리를 기뻐하시면 우리를 그 땅으로 인도하여 들이시고 그 땅을 우리에게 주시리라 이는 과연 젖과 꿀이 흐르는 땅이니라."

초기에 어떤 것을 생각하고 어떤 훈련을 하느냐가 성패를 좌우하는 중요한 열쇠입니다. 우연히 성공하는 것이 아니라 성공적인 사람이 되려는 비전을 갖고 있었기 때문에 성공하는 것입니다. 실패자로 스스로를 몰아가는 사람은 무엇을 하든지 실패하게 되어 있습니다.

어려서부터 성공적인 생각을 하고, 성공적인 언어와 태도를 기르며 성공적인 행동과 습관을 길러 성공적인 인격으로 훈련이 되어 있는 사람은 어디에 있든지 간에 자기가 있는 자리에서 성공하는 사람이 됩니다. 이미 그 사람은 성공할 수밖에 없는 사람으로 어려서부터 훈련되었기 때문입니다.

예를 들면, '네 부모를 공경하라. 이것이 약속 있는 첫 계명이니라. 그러면 모든 것이 형통하고 이 땅에서 모든 것이 잘될 것이다' 라는 말은 부모 자식이라는 아주 원초적인 관계를 잘하면 그 다음에는 어떤 관계에서든지 형통하게 되리라는 약속인 것입니다.

모든 인간관계는 집에서 맺는 부모 자식간의 관계에서 출발하고, 그 관계가 모든 인간관계의 기초가 됩니다. 집에서의 인간관계가 원만한 사람은 다른 인간관계도 원만합니다. 그래서 처음에 어떤 관계를 훈련하는가, 살아가면서 어떤 훈련을 받는가 하는 것이 무엇보다 중요합니다.

승리의 조건

모든 사람이 패배적인 생각을 하는 가운데서도 여호수아와 갈렙은 희망적인 시선으로 가나안 땅이 젖과 꿀이 흐르는 대단히 기름진 땅이라고 보고 있습니다. 그리고 하나님께서 우리를 기뻐하시면 그 땅을 우리에게 주실 것이라는 확신을 가지고 있었습니다.

이러한 여호수아와 갈렙을 통해서 우리가 배울 수 있는 승리의 조건은 다음의 다섯 가지로 나눌 수 있습니다.

첫째/ 하나님의 은혜가 필요하다: "하나님이 우리를 기뻐하시면"

첫 번째는 8절에 나오는 대로 "하나님이 우리를 기뻐하시면"이라는 조건입니다. 원문 성경에 의하면 이 말을 두 가지로 번역할 수 있습니다.

"기뻐하시면"을 가정으로 해석할 수도 있고, '하나님께서 우리를 기뻐하시기 때문에'로 해석을 할 수도 있습니다. 가정으로 해석을 한다면 기뻐하시는 경우와 기뻐하시지 않는 경우로 가능성이 반반이 됩니다. 그러나 두 번째 해석인 '하나님이 우리를 기뻐하시므로'로 해석하면 확실한 신념이 됩니다.

저는 두 번째로 번역을 하고 싶습니다. 두 가지가 다 문법적으로 가능하다면 희망이 있고 확신이 있는 쪽으로 해석을 하는 것이 좋기 때문입니다.

식당에서 일하는 웨이터도 매상을 훨씬 높이는 방법이 있습니다.

손님들에게 디저트에 대해서 물을 때에 "디저트를 드시겠습니까?"라고 묻는 것이 아니라, "디저트는 아이스크림도 있고 과일도 있는데 어떤 것으로 드시겠습니까?"라고 묻는 것입니다. 그러면 디저트를 생각하지 않고 있었던 사람들도 둘 중의 하나를 고를 생각을 하게 됩니다.

이렇게 잘 훈련이 된 사람들은 같은 일을 하면서도 이익을 남길 수 있습니다. 이것은 한 가지 일에 종사하는 가운데 스스로 만들어내는 작은 지혜이지만 그 결과는 큰 차이로 나타납니다.

작은 차이가 큰 변화를 만드는 중요한 변수가 되는 것입니다. 따라서 이 구절을 해석할 때에도 '하나님이 나를 기뻐하시면'이라고 해석하기보다는 '하나님이 나를 기뻐하시므로'로 해석하는 것이 좋습니다.

둘째/ 우리의 순종이 필요하다: "여호와를 거역하지 말라"
9절을 보십시오.

> "오직 여호와를 거역하지 말라 또 그 땅 백성을 두려워하지 말라 그들은 우리의 밥이라 그들의 보호자는 그들에게서 떠났고 여호와는 우리와 함께 하시느니라 그들을 두려워말라 하나."

즉 하나님께서 원하시는 대로 순종하라는 것입니다. 어떻게 판단해야 할지 모를 때에는 물론이거니와 자기 생각에는 납득이 가지 않더라도 하나님이 명령하면 그대로 믿고 순종하는 것이 좋습니다. 자신이 가진 지식으로 모든 것을 판단하고 결정한다면 하나님의 말씀이 무슨 필요가 있겠습니까?

하나님께서는 순수한 마음으로 의심 없이 하는 순종을 세상의 풍성한 것으로 드리는 제사보다 기쁘게 받으십니다.

셋째/ 우리의 용기가 필요하다: "그 땅 백성을 두려워하지 말라"

인간을 두려워하지 않는 용기가 필요한 것입니다. 하나님께서 적들을 우리 손에 붙이겠다고 말씀하셨으면 그것을 믿고 담대하게 나아가야 합니다.

어린 목동이었던 다윗이 그 대표적인 예입니다. 다윗은 어렸고 군사훈련이나 병법에 대해서는 아는 것이 없었지만 훈련된 군인들도 가지지 못했던 용기가 있었습니다. 그는 담대했습니다. 그의 용기는 자신의 강함에서 나온 것이 아니라 모든 일의 주권자이신 하나님이 자신과 이스라엘을 지키실 것이라는 믿음에서 나온 것이었습니다. **위대하신 하나님을 알기 때문에 생기는 용기, 이것이 진정한 용기입니다.**

넷째/ 승리의 확신이 필요하다: "그들은 우리 밥이라"

네 번째는 승리에 대한 확신이 있어야 합니다. 9절의 표현을 보면 가나안 사람들을 가리켜 "그들은 우리의 밥이다"라고 한 말이 나옵니다. 이것은 아주 재미있는 표현인데, 주석가들은 밥을 먹듯이 아주 쉽게 정복할 수 있다는 표현으로 봅니다.

우리 식으로 표현을 하면 그 사람들과 싸워서 이기는 것은 '식은 죽 먹기'라는 말입니다. 그만큼 확신에 차 있다고 볼 수 있습니다.

다섯째/ 주님 임재의 확신이 필요하다: "여호와는 우리와 함께하시느니라"

마지막으로, 주님이 나와 함께 계신다는 임재의 확신입니다. 하나님은 무한하신 분이기 때문에 그분이 나와 함께하시면 내가 하나님으로 인하여 무한대의 능력을 얻게 된다는 말이 됩니다. 그래서 하나님이 함께하시면 안 되는 일이 없는 것입니다.

물론 그렇다고 해서 어떤 일에나 하나님께서 무한대의 능력으로 함께해 주실 것이라고 생각해서는 안 됩니다. 사람들의 이기적인 욕심을 채워주기 위해 하나님께서 그 무한대의 능력을 발휘하시지는 않습니다. 악한 일을 하면서 하나님의 임재를 운운하는 것은 하나님을 망령되이 일컫는 일입니다.

그러나 힘들고 어려운 일을 하는 가운데서도 하나님의 임재를 확신하고 믿음으로 나아가는 사람에게는 하나님의 무한하신 능력이 함께합니다.

그러나 이렇게 삶의 길을 제시하고 있는 젊은 지도자들을 이스라엘 백성들은 돌로 쳐서 죽이려고 했습니다. 삶의 길을 두고도 죽음의 길로 치달아가고 있는 것입니다. 결국 그들의 불신앙은 하나님의 진노를 사게 되고 그로 인하여 자신들의 삶을 단축시키고 비참한 최후를 맞게 됩니다.

하나님의 분노

11-12절을 보면 이스라엘 백성들이 하고 있는 일들을 바라보고 있던 하나님의 진노하심이 나타납니다.

"여호와께서 모세에게 이르시되 이 백성이 어느 때까지 나를 멸시하겠느냐 내가 그들 중에 이 모든 이적을 행한 것도 생각하지 아니하고 어느 때까지 나를 믿지 아니하겠느냐 내가 전염병으로 그들을 쳐서 멸하고 너로 그들보다 크고 강한 나라를 이루게 하리라."

하나님은 모세를 보고 이 백성이 언제까지 나를 거부할 것인가 하고 한탄하십니다. 이를테면 친구에게 말하듯 모세에게 당신의 속상한 마음을 드러내신 것입니다. 하나님께서도 아픈 마음을 하소연하실 때가 있다는 것을 보여주고 있습니다.

이스라엘 백성들이 모세와 아론, 여호수아와 갈렙을 거부한 것은 하나님을 거부한 것으로 볼 수 있습니다. 하나님이 얼마나 화가 나셨는지 모든 이스라엘 백성들을 다 멸하고 모세로부터 다시 시작할 생각까지 가지고 계셨습니다.

그러나 진정한 지도자는 이러한 때에 그 빛을 나타내기 마련입니다.

모세의 중보 기도

이 때에 모세의 지도자적인 인품이 나옵니다. 자신을 엎어지게 할 만큼 충격을 주고 지도자의 권위에 도전하는 이스라엘 백성들을 하나님의 진노에서 구원하기 위해서 모세는 하나님을 설득하기 시작했습니다. 그리고 이 설득은 민수기의 전환점이 됩니다.

모세가 간절하고도 조리 있게 하나님을 설득하고 있는 15-19절을 보십시오.

"이제 주께서 이 백성을 한 사람같이 죽이시면 주의 명성을 들은 열국이 말하여 이르기를 여호와가 이 백성에게 주기로 맹세한 땅에 인도할 능이 없는 고로 광야에서 죽였다 하리이다 이제 구하옵나니 이미 말씀하신 대로 주의 큰 권능을 나타내옵소서 이르시기를 여호와는 노하기를 더디하고 인자가 많아 죄악과 과실을 사하나 형벌 받을 자는 결단코 사하지 아니하고 아비의 죄악을 자식에게 갚아 삼 사대까지 이르게 하리라 하셨나이다 구하옵나니 주의 인자의 광대하심을 따라 이 백성의 죄악을 사하시되 애굽에서부터 지금까지 이 백성을 사하신 것같이 사하옵소서."

모세는 하나님께서 그 분노대로 행하지 않으시도록 두 가지 내용으로 간절히 이야기합니다.

첫째/ 하나님의 명예에 손상이 됩니다.
이스라엘을 멸망시킨 것을 본 애굽인들이 하나님이 무능해서 가나안 땅을 줄 것이라는 약속을 지키지 못했으므로 그들을 죽였다고 할 것이라고 말했습니다. 뿐만 아니라 애굽인들이 가나안과 다른 열국들에 이 사실을 전하므로 그들마저 하나님의 무능함을 조롱할 것이라고 말합니다. 모세가 하나님의 명예로운 이름을 보존하려 노력했음을 볼 수 있습니다.

둘째/ 하나님의 능력을 나타내어야 합니다.
또한 모세는 하나님의 능력을 나타내시기를, 위대하심을 보이시기를 청합니다.

"하나님의 위대하신 속성은, 노하기를 더디하시고 인자하시며 오래 참으시고 자비가 풍성하신 것입니다. 이 백성들의 잘못을 그 행한 대로 징벌하는 것보다는 오히려 사하여 주는 것으로 주님의 능력을 만방에 드러내십시오. 그것이 바로 하나님의 명예로운 이름을 보존하는 길입니다"라고 강력하게 주장합니다.

모세는 믿음의 사람이었을 뿐 아니라 아주 겸손하고 지혜로운 사람이었습니다. 그래서 자신의 영광을 위해서 자신의 씨로 새 나라를 건설할 수 있는 기회를 선택하지 않았고, 오직 그 백성들을 하나님의 진노에서 구원할 방법을 생각했습니다.

또한 그것을 하나님께 간청하는 방법으로 만유의 주재이신 하나님의 권능과 영광을 드러내게 하는 길을 적극적으로 제시해서 하나님의 마음을 움직였습니다. 누구라도 하나님 앞에서 감히 생각하기 어려운 일들을 모세의 간절한 마음이 생각해낸 것입니다.

이러한 생각은 하나님을 경외하고 그 백성들을 진심으로 사랑하는 마음에서 나온 것입니다. 만일 인간적으로 생각했었더라면 그는 자신이 자기 민족의 새로운 조상이 되는 길을 택했을 것입니다. 자신이 먼저 제안한 것도 아니고 하나님께서 친히 먼저 제안한 것이기 때문에 얼마든지 민족의 시조가 되는 길을 택할 수 있었습니다. 그러나 모세는 자신의 영광보다는 그 백성들의 안전과 구원을 더 생각했습니다. 그는 진정한 지도자였던 것입니다.

위대한 지도자는 위대한 중보자입니다. 모세가 바로 그런 지도자였습니다.

이스라엘의 방황과 죽음

하나님의 용서

모세의 중보기도를 들으신 하나님은 마음을 돌이키셨습니다. 자신의 영광보다는 백성의 안전을 더욱 소중하게 생각하는 모세가 하나님의 사랑과 자비에 호소하는 그 중보기도를 하나님은 들으셨습니다.

20절을 보십시오.

"여호와께서 가라사대 내가 네 말대로 사하노라."

모세의 중보기도는 너무나 진노하셔서 자기 백성들을 진멸할 생각까지 하셨던 하나님의 마음을 움직였습니다.

하나님은 당신의 종들의 부르짖는 기도를 들으십니다. 그래서 야고보는 "의인의 간구는 역사하는 힘이 많으니라"라고 말씀하고 있습니다(약 5:16).

백성의 범죄한 대가

그러나 하나님께서 아무런 대가 없이 이스라엘 백성들의 죄를 사하신 것은 아니었습니다.

21-23절을 보십시오.

"그러나 진실로 나의 사는 것과 여호와의 영광이 온 세계에 충만할 것으로 맹세하노니 나의 영광과 애굽과 광야에서 행한 나의 이적을

보고도 이같이 열 번이나 나를 시험하고 내 목소리를 청종치 아니한 그 사람들은 내가 그 조상들에게 맹세한 땅을 결단코 보지 못할 것이요 또 나를 멸시하는 사람은 하나라도 그것을 보지 못하리라."

이 극적인 전환점은 행복과 불행 가운데 이스라엘 사람들이 불행을 선택하고 나선 것에 대한 하나님의 불 같은 진노는 피했으므로 그 자리에서 멸망당하는 것은 면했지만, 하나님을 신뢰하지 못하고 열 번이나 시험하는 것은 자신들 스스로를 불행으로 몰고 가는 결과라는 사실을 명백하게 보이시겠다는 하나님의 의지를 꺾지는 못했음을 보여줍니다.

우리 인생에 있어서 언제나 큰 선택들이 행복과 불행을 판가름하는 것은 아닙니다. 작고 사소한 선택의 지속성이 오히려 사람의 인생을 행복과 불행으로 나누는 전환점이 됩니다. **사람의 일생은 작은 선택이 반복되면서 성공과 실패, 행복과 불행이 이어집니다.** 조금씩 오랫동안 선택한 것들이 쌓여서 우리 인생의 큰 성공과 실패를 가름한다는 말입니다.

그래서 저는 어떤 사람이든 '어느 날 갑자기 크게 되어서 나타난다' 라는 것은 믿지 않습니다. 하나님이 처하게 하시는 하루하루의 상황 속에서 순간순간을 어떻게 살아가느냐 하는 것이 사람의 인생을 결정하는 것이라고 믿기 때문입니다. 자기 자신이 선택하는 것들은 누구를 위해서 하는 것이 아니라 자신과 하나님 사이에서 이루어지는 자신의 선택인 것입니다. 나와 주님 사이의 작은 선택들이 이어지고 모여서 내 삶 전체를 이루어 가는 것입니다.

하나님은 자기 백성들을 괴롭히고 망하게 하려고 아주 어려운 도전을 주시는 분이 아닙니다. 하나님은 언제나 그 시험을 거쳐서 합격하고 한 단계 더 성숙하라고 자기 백성에게 도전을 주십니다. 사람을 해치기만 하는 시험은 하나님께서 허락하지 않으십니다.

그런데 이스라엘 백성들은 하나님의 의도를 바로 알지 못하고 자신들을 죽이려고 하나님이 그들을 광야로 인도하여 냈다고 불평했고, 그 불평은 불행을 낳았습니다. 결국 하나님의 진노를 입은 출애굽 일 세대 모두는 하나님이 약속하신 땅에 들어가지 못하고 광야에서 죽음을 맞게 됩니다.

갈렙에게 주시는 약속

그러나 오직 하나님에 대한 철저한 믿음으로 어떠한 상황에서도 용기를 잃지 않았던 여호수아와 갈렙은 달랐습니다.

24절을 보십시오.

> "오직 내 종 갈렙은 그 마음이 그들과 달라서 나를 온전히 좇았은즉 그의 갔던 땅으로 내가 그를 인도하여 들이리니 그 자손이 그 땅을 차지하리라."

하나님께서는 갈렙을 "나의 종", 즉 하나님의 종이라고 부르셨습니다. 모세를 하나님의 종으로 인정하셨듯이 갈렙도 하나님의 종으로 인정하신 것입니다.

그리고 "그의 마음이 다른 이스라엘 백성들과 달라서 하나님을 온전히 좇았다"고 말씀하십니다. 갈렙의 마음속에는 이스라엘 백성들이 가지고 있었던 의심과 불평의 영이 아니라 흔들리지 않는 하나님의 영이 자리하고 있었던 것입니다. 갈렙의 신앙은 하나님의 인정을 받았습니다.

갈렙의 마음속에 하나님의 영이 자리잡고 있었기 때문에 갈렙은 하나님을 온전히 좇을 수 있었습니다. 그리고 하나님께서는 그가 정탐하러 갔던 땅을 차지할 수 있게 해 주시겠다고 하셨는데, 그 약속은 가나안 땅을 정복하고 난 후에 그대로 이루어졌습니다.

여호수아 14:14을 보십시오.

> **"헤브론이 그니스 사람 여분네의 아들 갈렙의 기업이 되어 오늘날까지 이르렀으니 이는 그가 이스라엘의 하나님 여호와를 온전히 좇았음이며."**

하나님의 약속은 반드시 이루어집니다. 약속을 하실 당시에는 정말 그런 일이 일어날 수 있을까 하는 의심이 드는 상황이라 할지라도 하나님은 반드시 말씀하신 약속을 이루시는 분입니다.

하나님의 심판

이스라엘 백성들을 징계하시겠다고 말씀하신 하나님이시지만 그 일은 곧 일어날 일이 아니었기 때문에 하나님께서는 홍해를 돌이켜 광야로 가는 길을 가르쳐 주셨습니다. 그리고는 모세와 아론에게 앞으로 이스라엘 백성들에게 닥칠 일들을 말씀하십니다.

26-27절을 보십시오.

> "여호와께서 모세와 아론에게 일러 가라사대 나를 원망하는 이 악
> 한 회중을 내가 어느 때까지 참으랴 이스라엘 자손이 나를 향하여
> 원망하는 바 그 원망하는 말을 내가 들었노라."

하나님은 친구에게 말씀하시듯 모세에게 자신의 안타까운 마음을
드러내 보이십니다. 언제까지 이 악한 불평꾼들을 참아 주어야 하느
냐고 모세에게 말씀하십니다. 여기에서 모세와 하나님 사이의 친밀
한 관계를 엿볼 수 있고, 여기에 모세의 특권이 있습니다.

출애굽 1세대의 죽음 선포

이스라엘 자손이 여호와를 원망하는 말이 하나님의 귀에 들렸으므
로 그 귀에 들린 대로 행하시겠다는 의지를 드러내십니다.
28-30절을 보십시오.

> "그들에게 이르기를 여호와의 말씀에 나의 삶을 가리켜 맹세하노라
> 너희 말이 내 귀에 들린 대로 내가 너희에게 행하리니 너희 시체가
> 이 광야에 엎드러질 것이라 너희 이십 세 이상으로 계수함을 받은
> 자 곧 나를 원망한 자의 전부가 여분네의 아들 갈렙과 눈의 아들 여
> 호수아 외에는 내가 맹세하여 너희로 거하게 하리라 한 땅에 결단코
> 들어가지 못하리라."

출애굽 1세대는 두 사람을 제외하고는 결단코 가나안 땅에 들어가

지 못한다는 것을 명백하게 밝히십니다. 하나님께서 친구처럼 여기시고 말씀하시는 모세마저도 그 땅에 들어가지 못하게 되었습니다. 하나님께서는 모세가 나중에 반석에서 물을 낼 때에 하나님께 불순종할 것이라는 사실을 미리 알고 계셨기 때문에 가나안 땅에 들어가는 사람의 이름에 모세도 빠진 것입니다. 오직 하나님을 온전히 좇아서 행한 여호수아와 갈렙만이 약속의 땅에 들어갈 수 있었습니다.

이십 세 이상의 성인들은 모두 광야에서 죽게 된다는 것은 하나님의 심판이 얼마나 두려운 것인가를 보여줍니다.

불신앙은 가치가 없는 것입니다(Unbelief is not worth it).

그러나 그렇다고 해서 이스라엘 민족 자체를 멸하실 계획은 아니셨으므로 이십 세 이하의 2세들의 미래는 보장해 주시겠다고 하셨습니다. 하나님께서는 정탐기간 40일을 기준으로 하루를 일 년으로 계산하셔서 이스라엘 백성들을 40년 동안 방황시킨 후에 광야에서 죽음을 맞게 하셨습니다.

31-34절을 보십시오.

"너희가 사로잡히겠다고 말하던 너희의 유아들은 내가 인도하여 들이리니 그들은 너희가 싫어하던 땅을 보려니와 너희 시체는 이 광야에 엎드러질 것이요 너희 자녀들은 너희의 패역한 죄를 지고 너희의 시체가 광야에서 소멸되기까지 사십 년을 광야에서 유리하는 자가 되리라 너희가 그 땅을 탐지한 날수 사십 일의 하루를 일 년으로 환산하여 그 사십 년간 너희가 너희의 죄악을 질지니 너희가 나의 싫어 버림을 알리라 하셨다 하라 나 여호와가 말하였거니와 모여 나를 거역하는 이 악한 온 회중에게 내가 단정코 이같이 행하리니 그들이 이 광야에서 소멸되어 거기서 죽으리라."

하나님의 심판으로 출애굽 일세대는 광야에서 죽어야 했으나 그것도 속히 이루어지는 일은 아니었습니다. 사십 년이 지나도록 계속해서 이런 일들이 이루어지는데, 이는 백성들이 자기 죄를 담당해야 했기 때문입니다. 그것은 이스라엘 백성들이 지은 죄는 하나님의 은혜로 용서되지만 그 죄 자체가 가지고 있는 심판은 면할 수는 없다는 뜻입니다.

더구나 그 죄의 결과는 자신의 대에서 그치는 것이 아니라 자손들의 대에까지 이어지게 됩니다. 하나님을 경외하고 부모를 경외하는 것이 자손에게까지 이르는 축복이 되는 것처럼, 하나님 앞에 하는 범죄함 역시 자손에게까지 그 심판의 유산을 남기게 되는 것입니다. 그래서 부모의 역할이 중요한 것이며, 하나님을 온전히 좇는 부모가 되어야 하는 것입니다.

열 정탐꾼의 죽음

특히 가나안 땅을 정탐하고 돌아와서 그 땅을 정복하기 불가능한 땅으로 말하여 백성들로 하여금 모세와 하나님을 원망하게 한 열 사람의 정탐꾼들은 곧 죽음을 맞게 되었습니다.

"모세의 보냄을 받고 땅을 탐지하고 돌아와서 그 땅을 악평하여 온 회중으로 모세를 원망케 한 사람 곧 그 땅에 대하여 악평한 자들은 여호와 앞에서 재앙으로 죽었고 그 땅을 탐지하러 갔던 사람들 중에

오직 눈의 아들 여호수아와 여분네의 아들 갈렙은 생존하니라"(민 14:36-38)

다른 이스라엘 백성들의 죽음은 사십 년 동안 진행되는 것이지만 가나안 땅을 탐지하고 돌아와서 절망적인 이야기를 함으로 사람들을 탄식에 빠지게 하고 모세를 원망하게 했던 열 사람의 정탐꾼들은 곧 죽음에 이르게 되었습니다.

그들은 백성들 중에서 뽑힌 지도자들로서 다른 사람들보다 더 굳건한 믿음으로 하나님의 약속을 믿고 담대한 용기로 백성들을 희망으로 이끌어 주어야 했던 사람들이었습니다. 그런데 자신들의 의무를 다하지 못하고 불신앙적인 보고를 함으로써 백성들로 하여금 모세와 아론을 돌로 치도록 유도하기까지 한 죄를 면할 수 없었던 것입니다.

어떤 공동체의 지도자이거나 다른 사람들에게 모범을 보이고 이끌어야 할 위치에 있는 사람들은 특히 더 강하고 담대한 믿음을 가져야 합니다. 하나님 앞에 영광이 큰 만큼 심판도 무서운 것입니다. 예수님께서도 선생 된 자가 먼저 심판 받을 것이라고 말씀하셨습니다.

이스라엘의 반복되는 불순종

망하는 사람들은 이상하게도 꼭 망하는 길만을 계속 선택합니다. 모세의 말을 들은 이스라엘 백성들은 크게 슬퍼하며 아침 일찍 일어나 산 꼭대기로 올라갔습니다. 그러나 이미 하나님이 함께하시지 않았기에 그들에게 성공이 있을 수는 없었습니다. 그들은 또 한번의 잘못된 선택을 했을 뿐이었습니다.

39-43절을 보십시오.

> "모세가 이 말로 이스라엘 모든 자손에게 고하매 백성이 크게 슬퍼하여 아침에 일찌기 일어나 산꼭대기로 올라가며 가로되 보소서 우리가 여기 있나이다 우리가 여호와의 허락하신 곳으로 올라가리니 우리가 범죄하였음이니이다 모세가 가로되 너희가 어찌하여 이제 여호와의 명령을 범하느냐 이 일이 형통치 못하리라 여호와께서 너희 중에 계시지 아니하니 올라가지 말라 너희 대적 앞에서 패할까 하노라 아말렉인과 가나안인이 너희 앞에 있으니 너희가 그 칼에 망하리라 너희가 여호와를 배반하였으니 여호와께서 너희와 함께하지 아니하시리라 하나."

이스라엘 백성들이 순간순간마다 얼마나 잘못된 선택을 하는지 알 수 있습니다. 그들은 하나님의 진노를 사고 스스로를 불행하게 할 수밖에 없는 선택만을 하고 있습니다. 하나님께서 그들을 약속하신 땅으로 들어가지 못하게 하신다는 말을 모세로부터 전해 듣자 이스라엘 백성들은 가나안 땅으로 올라가겠다고 고집을 부립니다. 어제까지만 해도 안 가겠다고 했던 곳인데, 다음 날은 모세가 이제는 늦었으니 안 된다고 말렸는데도 굳이 올라가겠다고 버티는 것입니다.

이스라엘 백성들은 언약궤도 없이 무조건 진격해 올라갑니다.

제가 언젠가 한 고등학생을 상담한 적이 있었습니다. 그 학생은 3학년이었는데 대학 시험을 앞두고 가출을 했습니다. 이야기를 들어

보니까 학교 선생님이 어떻고 아이들이 어떻고 하면서 가출의 이유를 댔습니다.

그런데 문제는 왜 그렇게 극단적인 방법으로 문제를 해결하려고 하느냐는 것입니다. 저는 그 아이에게 그런 선택을 하는 것은 앞으로의 인생을 계속 어렵게 하고 실패하는 방향으로 나가게 하는 것이라는 것을 일깨워 주었습니다. 그런데도 그 이후 그 학생은 또 잘못된 선택을 계속했습니다. 참 안타까운 일입니다.

이스라엘 백성들은 하라고 하면 하지 않겠다고 반항을 하고, 하지 말라고 하면 그제서야 하겠다고 굳이 떼를 씁니다.

신학교 학생들 가운데도 앞으로 목회자가 되겠다고 하면서 하라고 하는 공부나 과제를 제대로 하지 않고 요령을 피울 생각만 하는 학생들이 있습니다. 그런 사람들은 학교를 졸업해도 제대로 목회를 하지 못합니다.

작은 상황 속에서의 정확한 선택, 이것이 얼마나 중요한 것인지 모릅니다.

선택 자체에도 여러 가지가 있습니다. 하나님의 말씀이면 즉각 그대로 실행에 옮기는 경우도 있고, 하라는 명령을 받았으나 자신이 없으면 하나님께 할 수 있도록 도와달라고 기도하는 경우도 있습니다. 인간적인 결정이 있는가 하면 하나님을 중심에 둔 결정도 있습니다.

영적인 사람은 갈라디아서 2:20에 있는 말씀처럼 내가 그리스도와 함께 십자가에 못 박혔으니 이제는 내가 사는 것이 아니고 내 안에 그리스도가 사는 것이기 때문에, 어떤 결정을 해도 나 자신이 하는 것이 아니라 예수 그리스도께 맡겨서, 주님의 도움을 받아 결정합니다.

인생이 내 뜻대로 반드시 되지는 않습니다. 내가 해보려고 하는데 안되기도 하고 하지 않으려고 했는데 되어 버리는 일도 많습니다. 나중에는 스스로 결심을 하는 것마저도 겁이 나는 지경에 이르게 되었습니다.

그래서 하루하루를 인도해 주시는 하나님께 감사를 드리고 인도하심의 손길을 구하는 기도는 드리지만 '제가 반드시 어떻게 하겠습니다'라는 맹세를 하는 기도는 하지 못합니다.

결국 순종하는 것마저도 우리 자신이 결정하거나 결심하는 것으로 되지 않는다는 것을 알게 되었기 때문입니다. 이제는 그저 '하나님의 말씀에 순종할 수 있도록 도와주옵소서' 하는 말밖에는 할 수 없게 되었습니다.

이스라엘 백성들은 하나님의 말씀에 순종하려고 하기는커녕 하나님의 뜻을 거역하고 거스르는 쪽으로 나갔습니다. 망하는 길만을 택하고 있는 것입니다.

회개를 하는 것도 마음속에 하나님의 영이 있고 지혜가 있을 때에야 가능합니다. 하나님의 심판이 내리기 전에 회개하는 사람이 지혜롭고 현명한 사람입니다. 심판이 결정난 후에 회개하는 것은 이미 늦은 것입니다.

이스라엘 백성들은 아침 일찍부터 일어나서 망하는 길로 부지런히 가고 있었습니다. 이미 소용이 없게 된 일을 하면서 부지런을 떠는 것입니다. 그럴 것이면 진작 하나님이 올라가라고 했을 때에 실행에 옮겼어야 했습니다.

성공과 실패는 자신들의 손에 달린 것이 아닙니다. 그것은 절대적으로 하나님께 달린 것입니다. 하나님의 힘과 인도하심과 그분의 지혜를 구하고 그분에게 때와 방향을 물어 인도하시는 대로 가야 하는 것입니다.

그런데 이스라엘은 이 원리와 하나님의 섭리를 전혀 알지 못하고, 인간의 성공과 실패가 자신들의 손에 달려 있다고 생각하고 있었습니다. 하나님의 은혜가 아니고 될 수 있는 것은 아무것도 없습니다. **전적으로 하나님의 손에 달려 있다는 것을 인식하는 것이 성공의 첫걸음입니다.**

모세는 하나님의 섭리를 인간이 바꿀 수 없다는 것을 알고 산으로 올라가려는 이스라엘 백성들을 막고 나섰지만 백성들은 그 말을 듣지 않았습니다. 이미 실패의 길로 치닫고 있는 사람들을 막을 수는 없었습니다.

44절을 보십시오.

"그들이 그래도 산꼭대기로 올라갔고 여호와의 언약궤와 모세는 진을 떠나지 아니하였더라".

모세는 이미 하나님께서 이스라엘 백성들과 함께하시지 않을 것이라는 사실을 알고 있었습니다. 하나님께서 함께하시지 않는다는 말만큼 무서운 말은 없습니다. 그것은 모든 축복이 사라지고 희망이 없는 상태를 말하는 것입니다.

하나님께서 함께하신다는 것이 가장 큰 축복입니다. "하나님이 그와 함께하시더라"라는 말 한 마디면 모든 것이 다 해결되는 것입니다. 당장은 모든 것이 산산조각 나는 것처럼 느껴지는 때라도 하나님이 함께하시면 아무 걱정할 것이 없습니다. 하나님 자신이 복이시기 때문입니다.

그래서 하나님이 세상 끝날까지 내가 너와 함께 있겠다고 하신 약속이야말로 가장 큰 축복입니다.

신앙인이라고 한다면 이런 확실한 신앙에의 기반이 있어야 합니다. 그래서 제가 쓴 책들 중에 다른 것은 몰라도 '당신은 확실히 믿습니까?' 라는 확신 시리즈는 모든 신앙인들에게 다 들려주고 읽히고 싶습니다.

하나님께서 이스라엘 백성과 함께하시지 않을 것이라고 하는 사실을 알고 있었기 때문에 모세는 아말렉인과 가나안인들의 칼에 이스라엘 백성들이 망하리라고 경고합니다. 그러나 이스라엘 백성들은 이미 망하는 쪽으로 기울어져 있었기 때문에 모세의 경고를 듣지 않았습니다.

45절을 보십시오.

"아말렉인과 산지에 거하는 가나안인이 내려와 쳐서 파하고 호르마까지 이르렀더라."

결국 모세의 말대로 그들은 가나안 사람들과의 싸움에서 패하게 됩니다. 멸망을 자초한 것입니다. 망하는 선택을 하면 선택한 대로 망하는 것입니다. **불순종은 자멸의 길입니다.**

바로 여기에 우리 모두에게 주시는 경고가 있습니다.

감사로 제사드리라

여호와께서 모세에게 일러 가라사대 이스라엘 자손에게 고하여 그들에게 이르라 너희가 내가 주어 거하게 할 땅에 들어가서 여호와께 화제나 번제나 서원을 갚는 제나

낙헌제나 정한 절기제에 소나 양으로 여호와께 향기롭게 드릴 때에는 그 예물을 드리는 자는 고운 가루 에바 십분지 일에 기름 한 힌의 사분지 일을 섞어 여호와께 소제로 드릴 것이며 번제나 다른 제사로 드리는 제물이 어린 양이면 전제로 포도주 한 힌의 사분 일을 예비할 것이요 수양이면 소제로 고운 가루 한 에바 십분지 이에 기름 한 힌의 삼분지 일을 섞어 예비하고 전제로 포도주 한 힌의 삼분지 일을 드려 여호와 앞에 향기롭게 할 것이요

감사로 제사드리라

민수기 15-25장까지는 불순종한 이스라엘이 38년 동안 광야생활을 하면서 실패하는 모습을 기록하고 있습니다. 이스라엘의 본격적인 광야생활이 시작되는 민수기 15장은 감사 제물에 대한 이야기를 담고 있습니다. 그리고 이 이후의 민수기 내용은 불순종한 이스라엘의 구세대가 광야에서 죽고, 새 세대가 광야에서 연단을 받으며 약속의 땅 가나안에서의 새 삶을 약속 받는 과정이 전개됩니다.

그런데 15장은 전체를 통하여 하나님께 제물을 드리는 제사법에 대해 말씀하고 있습니다. 40년 광야 생활을 시작하기 직전에 왜 하나님께서는 다시 제사에 대해 말씀을 하시는 것일까요?

출애굽 직후에 레위기 전 권에 걸쳐 하나님께 예배드리는 법을 말씀하셨다는 것을 상기하면 그 대답을 알 수 있습니다. 광야생활을 시작하면서 하나님은 자기 백성과 언약을 갱신하기를 원하셨습니다. 하나님과의 언약을 재확인하시려는 것입니다.

제물을 바친다는 것은 하나님을 예배하는 구체적인 표현행위입니다. 이러한 제사행위를 통해 하나님은 이스라엘이 하나님을 신뢰하고 순종하기를 요구하셨고, 하나님은 이스라엘을 보호하시겠다는 것을 재확인하셨습니다.

그래서 15장의 마지막 부분이 "나는 여호와 너희 하나님이니라"로 끝나고 있는 것입니다.

감사 제물

1-21절은 감사 제물에 대해 말씀하고 있습니다. 감사 제물은 번제와 곡물제와 음료제를 통해 달콤한 냄새를 하나님께 드려 하나님을 기쁘시게 하는 제사입니다.

1-4절을 보십시오.

> "여호와께서 모세에게 일러 가라사대 이스라엘 자손에게 고하여 그들에게 이르라 너희가 내가 주어 거하게 할 땅에 들어가서 여호와께 화제나 번제나 서원을 갚는 제나 낙헌제나 정한 절기제에 소나 양으로 여호와께 향기롭게 드릴 때에는 그 예물을 드리는 자는 고운 가루 에바 십분지 일에 기름 한 힌의 사분지 일을 섞어 여호와께 소제로 드릴 것이며."

감사제의 대표적인 것은 번제입니다. 번제는 완전한 헌신을 의미하는 것입니다. 그리고 화제나 서원을 갚는 제나 낙헌제를 드려야 했습니다. 이런 제물을 드릴 때에 중요한 것은 여호와께 향기롭게 드려야 한다는 것이었습니다.

여호와께서는 제물을 태워서 올라가는 연기로 제물을 받으시기 때문에, 그 연기가 여호와께 향기롭게 전달되어야 했습니다. 마치 먹음직스러운 음식을 파는 음식점을 지나가다 맡게 되는 그런 맛있는 냄새를 피워 올려야 하는 것입니다.

어떻게 하면 하나님을 기쁘게 해 드릴 것인가를 생각해서 그 방법을 형식화한 것이 제사이기 때문에, 그들의 관심은 어떻게 하면 더욱 향기로운 제물을 드릴 수 있는가 하는 것에 집중되었습니다.

3절, 7절, 13절에 걸쳐서 향기에 대한 이야기가 나오는 것은 바로 이런 이유 때문입니다. 이스라엘 사람들이 온갖 음식을 동원해서 향기로운 제물을 만들기 위해 노력했으니 그 정성이 어떠했겠습니까? 또 하나님을 기쁘게 해드리기 위해서 바쁘게 움직이는 것을 보고, 그 드리는 제물을 받으실 때에 하나님의 마음이 어떠하겠습니까?

정성스러운 제사를 받으시는 하나님은 그 백성들의 정성에 사랑과 흡족함을 느끼셨을 것입니다. 특별히 자원해서 드리는 예배를 접하고 그 마음에 기쁨이 더 크셨을 것입니다.

모든 것이 그렇겠지만 제물을 드릴 때에도 제물 자체가 문제가 아닙니다. 소 한 마리를 제물로 드렸다고 해서 그 제물 자체가 귀한 것이 아니라 그 소를 미리 준비하고 끌고 오고 하나님 앞에 기쁜 마음으로 드리는 것들이 귀한 것입니다. 그리고 이런 마음은 사랑에서 나오는 것입니다.

결혼을 앞두고 있는 연인들을 생각해 보십시오. 어떻게 해서든지 그 상대방을 즐겁게 해 주려고 하고, 어떤 선물을 하면 좋아할까 늘 생각하고, 선물을 준비해서 주고, 받은 사람이 기뻐하는 모습을 보는 것이 자기가 선물을 받는 것보다 더 즐거워하지 않습니까?

신앙 생활도 마찬가지입니다. 연애하는 마음으로 하나님과 이웃을 사랑하며 살아야 하는 것입니다. 여기에는 완전한 헌신, 고상한 인격, 쏟아바친 삶을 상징하는 제물을 드려야 합니다.

5-12절까지를 통해 보면 각 제사에 쓰이는 제물은 고운 가루와 기름과 포도주와 숫양 그리고 수송아지와 숫염소였습니다. 이런 제물들은 각 제사에 따라 그 섞는 양과 종류를 달리 했을 뿐이지 그 외에 다른 예물을 첨가하지는 않았습니다.

11-12절을 보십시오.

> **"수송아지나 수양이나 어린 수양이나 어린 염소에는 그 마리 수마다 이 위와 같이 행하되 너희 예비하는 수효를 따라 각기 수효에 맞게 하라."**

그리고 중요한 것은 그 제물을 바치는 것은 내국인이나 외국인의 구별이 없었다는 것입니다.

14-16절을 보십시오.

> **"너희 중에 우거하는 타국인이나 너희 중에 대대로 있는 자가 누구든지 여호와께 향기로운 화제를 드릴 때에는 너희 하는 대로 그도**

하나님 앞에서는 외국인이나 내국인의 구별이 따로 없습니다. 영적인 원리는 보편성이 있습니다. 누구에게나 동일합니다.

17-21절까지는 하나님이 인도하시는 땅에 들어가서 드려야 할 거제에 대해 말씀하십니다.

거제는 처음 익은 곡식을 예물로 드리는 제물입니다. 이스라엘 백성은 하나님이 약속하신 가나안 땅에 들어가서 추수를 시작하게 되면 그들이 거둔 첫 번째의 익은 곡식으로 만든 떡을 하나님께 드려야 했습니다.

거제는 그 땅에 거할 수 있도록 인도하시고 허락하신 하나님께 대한 감사와 헌신의 표시로 대대로 드리는 제사였습니다.

고의적이 아닌 죄를 위한 제물

22-36절 사이에는 이스라엘 백성들이 범한 죄에 관한 규례가 소개되어 있습니다. 22-29절 사이에는 의도는 없었지만 실수로 범한 죄에 대한 것이고, 30-36절 사이에는 고의적으로 범한 죄에 대한 내용을 다루고 있습니다.

하나님께서는 같은 죄라도 이렇게 본의를 명확하게 파악하십니다. 고의로 범한 죄에 대해서는 아주 엄하십니다.

22-24절을 보십시오.

"너희가 그릇 범죄하여 여호와가 모세에게 말한 이 모든 명령을 지키지 못하되 곧 여호와가 모세로 너희에게 명한 이 모든 것을 여호와가 명한 날부터 이후 너희의 대대에 지키지 못하여 회중이 부지중에 그릇 범죄하였거든 온 회중은 수송아지 하나를 여호와께 향기로운 화제로 드리고 규례대로 그 소제와 전제를 드리고 수염소 하나를 속죄제로 드릴 것이라."

'그릇 범죄한다' 는 말은 어쩌다가 실수로 범죄한다는 말입니다. 자신은 옳게 한다고 했는데 그것이 잘못된 결과를 낳게 할 때는 처음부터 잘못된 결과를 알면서 고치지 않았거나 의도적으로 죄를 저지른 것하고는 다르게 취급하시는 것입니다.

실수로 범한 죄의 경우에는 번제와 속죄제를 바침으로 용서를 받는다고 했습니다. 번제는 내가 하나님 앞에서 범죄한 것을 인정하고 이제부터 다시 하나님께 헌신하겠다는 표시로 드리는 제사입니다. 속 죄제는 자기 속에 있는 죄의 성품을 인정하고 그 죄성을 깨끗게 하여 주옵소서 하며 드리는 제사입니다. 죄성이 깨끗해지면 죄를 덜 범할 수 있습니다.

우리가 실수를 하는 이유는 우리 속에 죄성이 있기 때문입니다. 고 의적으로 범한 죄도 마찬가지이겠지만, 특히 실수로 짓는 죄는 우리 의 연약함 때문입니다. 그래서 의도하지 않았는데도 실수를 하게 되 는 것입니다.

저 자신을 돌아보면 비교적 착한 아이로 자라난 것 같습니다. 어머 니와 함께 살았던 기간이 짧긴 했지만 제 기억으로는 자라면서 어머 니에게 야단을 맞은 것은 한 번 뿐이었습니다. 어머니 주머니에서 10 원을 훔쳐서 오징어를 사 먹었기 때문이었습니다. 그것도 그냥 지나 갈 수 있는 일이었는데 그만 오징어를 먹고 체해서 먹은 것을 모두 토 하는 바람에 어머니께 들키게 되었던 것입니다.

의도적으로 죄를 저질렀던 적은 별로 없지만 그럼에도 불구하고 실 수는 많이 했습니다. 그것은 저의 연약함 때문이었습니다. 생각해보 면 아주 안타까운 일이 아닐 수 없습니다.

저는 어떻게 해서든 실수를 하지 않으려고 많은 노력을 했습니다. 추운 겨울 밤에 벌벌 떨면서 밤을 새워 철야 기도도 해보았습니다. 그 렇지만 실수가 없어진 것은 아니었습니다.

한때는 '나라는 존재는 희망이 없구나' 하고 절망하기도 했습니다. 그럴 때마다 마귀가 저의 마음 가운데 '너는 그렇게 실수를 하면서 어떻게 하나님을 사랑한다고 할 수 있느냐. 실수라는 것도 한두 번이지 어떻게 늘 용서해달라는 말만 하느냐'고 속삭였습니다.

그럴 때 저는 하나님 앞에 가는 것조차 두려웠습니다. 부끄럽고 창피해서 하나님을 볼 면목도 없고 나중에는 하나님께 용서해 달라는 말도 못할 지경이었습니다.

그러다 보니 점점 하나님 앞에 나가기가 두려웠습니다. 교회에 가서는 하나님 앞에 얼굴도 못들 정도가 되었습니다. 실수하지 않으려고 노력하면 할수록 더 많이 고생이 되었습니다. 차라리 안 믿는 친구들이 더 편안하게 사는 것 같아서 부럽기도 했습니다. 그리고 '이제 나는 정말 어쩔 수가 없는 사람이구나' 라는 생각이 들어서 심한 절망에 빠지기도 했습니다.

지금 생각해 보면 제가 제 자신에게 너무했다는 생각이 듭니다. 어떻게 해서든지 하나님이 하라고 하신 그대로 살아보려고 몸부림을 치다 보니 그렇게 되었던 것입니다. 그러나 그렇게 몸부림을 치면 칠수록 죄의식만 늘고 해결이 되지는 않았습니다.

나중에 복음이 무엇인지를 깨닫고 나서야 내가 그 동안 그렇게 몸부림쳤던 것은 복음을 제대로 이해하지 못한 데서 비롯되었다는 것을 알았습니다.

복음은 우리가 실수가 없기 때문에 하나님이 우리를 사랑하신다는 것이 아닙니다. 우리가 죄인이었을 때 하나님께서 우리를 사랑하신 것입니다. 그리고 죄인인 우리를 위해서 죽으시고 영원히 사랑한다는 징표로 우리를 구원해 주셨다는 것이 복음의 내용입니다. 이런 복음의 내용을 모르고 신앙생활을 하기 때문에 어려움이 생기는 것입니다.

우리 그리스도인들 중에는 복음의 내용은 잘 모르고 율법의 내용만으로 신앙생활을 하는 사람들이 있습니다. 율법은 우리가 죄인일 수밖에 없다는 것을 보여주는 기능밖에 하지 못합니다.

로마서 7:7을 보십시오.

"그런즉 우리가 무슨 말하리요 율법이 죄냐 그럴 수 없느니라 율법으로 말미암지 않고는 내가 죄를 알지 못하였으니 곧 율법이 탐내지 말라 하지 아니하였더면 내가 탐심을 알지 못하였으리라."

율법은 우리로 하여금 죄를 알게 해주는 선생입니다. 바울 사도는 율법이 나쁜 것은 아니라고 우리에게 말합니다. 만일 율법이 없었다면 어떤 것이 죄고 어떤 것이 선한 것인지 알지 못했을 것입니다. 그랬다면 세상의 질서는 없어지고 강하고 악한 사람들만이 살아남을 수밖에 없었을 것입니다.

그래서 율법이 필요하긴 하지만 **예수 그리스도를 구주로 영접한 우리들은 율법으로부터 자유로워질 수 있는 특권을 얻은 사람들입니다.** 이 말은 우리들은 어떤 행동을 해도 괜찮다는 뜻이 아닙니다. **예수 그리스도를 믿음으로 하나님께서 우리에게 진리를 통한 자유를 주셨다는 말입니다.** 예수 그리스도는 진리시고 우리가 그 진리 안에 있을 때에 자유로운 것입니다.

그러나 우리가 늘 그 진리 안에 있는 것은 아닙니다. 우리는 죄에서 완전히 벗어날 수 없는 연약한 피조물이기 때문입니다.

하나님께서는 우리가 어쩔 수 없는 죄인이라는 사실을 우리 자신보다 더 잘 알고 계십니다. 그래서 우리의 실수를 충분히 감싸주십니다. 하나님께서는 우리의 죄성 때문에 우리가 고생을 하는 것이지 우리가 나쁜 의도를 가지고 있기 때문에 죄를 저지르는 것은 아니라는 것을 알고 계시는 분이십니다. 우리의 부족과 연약함으로 인하여 하나님은 우리를 더욱 사랑하시고 긍휼히 여기시는 것입니다.

그래서 저는 복음을 바로 이해한 후로는 실수를 할 때마다 하나님 앞에 오히려 감사하는 마음을 갖습니다. '내가 이렇게 부족하고 실수를 하는데도 감싸주시고 사랑해 주시니 정말 감사합니다' 라는 생각을 갖게 된 것입니다. 전에는 실수가 고민이었는데 이제는 실수가 감사가 된 것입니다.

물론 지금도 실수를 하고 싶지는 않습니다. 절대로 범죄하고 싶지도 않고 한 마디도 놓치지 않고 순종하고 싶습니다. 제 속에 그런 마음이 아직도 있기는 합니다. 그런데 그것이 완전하게는 안 된다는 것을 알고 있기 때문에 그것으로 인해 예전처럼 괴로워하지는 않습니다. 내가 예수 그리스도처럼 변하기 전에는 실수하지 않고 범죄하지 않고 살 수 없다는 것을 알고 있기 때문입니다. 그러나 하나님께 회개하고 자복하면 하나님께서 더 이상 죄를 묻지 않으신다는 것을 알고 있습니다.

하나님께서는 "너 자신이 완전하게 살려고 발버둥치지 말고 나를 의지하고 나에게 도움을 구하라"라고 말씀하십니다. 우리는 그런 하나님을 모시고 사는 사람들이라는 것을 감사해야 합니다. 이 세상에는 이런 분이 없습니다. 하나님이시기 때문에 늘 용서하시고 감싸시며 힘이 되어 주시는 것이 가능한 것입니다.

고의적인 죄를 위한 제물

고의적인 죄를 지었을 때 받게 되는 심판에 있어서는 하나님께서 용서하지 않으시고 철저하게 다루십니다. 하나님이 누구신데 감히 의도적으로 하나님을 거스르는 자를 용서하시겠습니까? 절대 군주이신 하나님께 자기 멋대로 반항하며, 하나님을 두려워하지 않는 사람들을 어떻게 그냥 놓아두시겠습니까?

고의적으로 하나님의 계명을 어기는 자들을 끊어 버리라고 말씀하십니다. 30-31절을 보십시오.

> "본토 소생이든지 타국인이든지 무릇 짐짓 무엇을 행하면 여호와를 훼방하는 자니 그 백성 중에서 끊쳐질 것이라 그런 사람은 여호와의 말씀을 멸시하고 그 명령을 파괴하였은즉 그 죄악이 자기에게로 돌아가서 온전히 끊쳐지리라."

여기서 '짐짓'이라는 말은 '이를 악물고 고의적으로', '반항적으로'라는 뜻입니다. 하나님이 하지 말라고 하신 것과 하라고 하신 것이 무엇인지 뻔히 잘 알면서도 고의적으로 하나님을 거역한다는 말입니다.

하나님의 뜻을 알면서 거꾸로 나가는 것은 마치 바위에다 계란을 치는 것과 같습니다. 그러면 어떻게 되겠습니까?

말할 것도 없이 계란이 산산조각 나는 것입니다. 감히 하나님이 누구신데 그렇게 어리석은 짓을 그냥 두고 보시겠습니까? 어림도 없습니다. 하나님께서는 이런 것을 철저하게 다스리십니다. 그래서 이런 사람은 국내인이든지 타국인이든지 끊어 버리라고 하시는 것입니다. 고의적인 죄는 결국 죽음에 이르게 합니다.

지금은 이런 형벌을 내리지 않는 것을 다행스럽게 생각해야 하지만 그 심각성은 하나님이 보시기에 마찬가지입니다. 고의적으로 범하는 죄는 하나님 앞에서 대속할 방법이 없습니다. 그래서 안식일에 고의적으로 나무를 했던 사람을 회중 앞에서 끌어내어 돌로 쳐죽였던 것입니다. 죄는 이렇게 심각한 것입니다.

32-36절을 보십시오.

"이스라엘 자손이 광야에 거할 때에 안식일에 어떤 사람이 나무하는 것을 발견한지라 그 나무하는 자를 발견한 자들이 그를 모세와 아론과 온 회중의 앞으로 끌어왔으나 어떻게 처치할는지 지시함을 받지 못한 고로 가두었더니 여호와께서 모세에게 이르시되 그 사람을 반드시 죽일지니 온 회중이 진 밖에서 돌로 칠지니라 온 회중이 곧 그를 진 밖으로 끌어내고 돌로 그를 쳐죽여서 여호와께서 모세에게 명하신 대로 하니라."

살아 계신 하나님을 거스리고 그분의 명령을 고의적으로 어기는 것은 이처럼 무서운 결과를 가져오는 것입니다. 하나님께서는 변명의 여지도 남겨두지 않으시고 처벌하십니다.

하나님의 사랑과 인자하심을 우습게 여기고 하나님을 만홀히 여기는 자를 하나님께서는 용서하지 않으십니다.

옷자락에 달린 실

37-41절 말씀은 하나님의 명령을 기억하기 위해 이스라엘 백성들의 옷자락에 청색 실을 매단 이야기입니다.

37-40절을 보십시오.

> "여호와께서 모세에게 일러 가라사대 이스라엘 자손에게 명하여 그들의 대대로 그 옷단 귀에 술을 만들고 청색 끈을 그 귀의 술에 더하라 이 술은 너희로 보고 여호와의 모든 계명을 기억하여 준행하고 너희로 방종케 하는 자기의 마음과 눈의 욕심을 좇지 않게 하기 위함이라 그리하면 너희가 나의 모든 계명을 기억하고 준행하여 너희의 하나님 앞에 거룩하리라."

하나님은 이스라엘 사람들에게 도포자락 같은 옷을 입은 다음에 그 옷단 귀에 술을 만들고 청색 끈을 그 귀의 술에 더하라고 말씀하셨습니다. 그 이유는 옷에 실이 달려 있는 것처럼 하나님께 언제나 붙어 있으라는 것입니다. 옷은 언제나 자기 몸에 걸치고 있는 것이니, 옷을 입고 있는 이상 언제나 그 옷에 달린 청색끈을 보고 하나님이 함께하심을 기억할 수 있습니다. 여기에는 하나님을 기억하고 자기의 욕심을 좇아 살지 않으며 하나님의 계명을 기억해서 준행하게 하려는 하나님의 의도가 있는 것입니다.

그래서 41절에는 하나님께서 이스라엘 백성들을 애굽 땅에서 인도하여 내신 분이 여호와 하나님인 것을 기억하라고 말씀하십니다.

"나는 너희의 하나님이 되려 하여 너희를 애굽 땅에서 인도하여 낸 여호와 너희 하나님이니라 나는 여호와 너희 하나님이니라."

이 말을 몇 번이나 반복하시는 것은 마치 하나님께서 직접 사인하신 것과 같은 의미입니다. 하나님을 기억하면서 하나님의 말씀에 순종하는 하나님의 백성이 되라는 뜻을 하나님의 사인을 통해 강조하고 계신 것입니다.

이것이 바로 우리의 신앙고백이 되어야 합니다. 하나님이 우리의 주인이라고 하시는 말씀을 반복하고 있는 이유는 그 사실을 우리가 절대 잊어서는 안 되기 때문입니다.

우리들은 일생을 살아가면서 이 사실을 항상 기억해야 합니다. 우리를 죄의 사슬에서 구해 주신 분이 하나님임을 늘 기억하고 하나님의 말씀에 순종해서 살라는 것이 우리를 죄에서 구원하신 하나님의 명령인 것입니다. 죄는 우리를 파멸시키기 때문입니다.

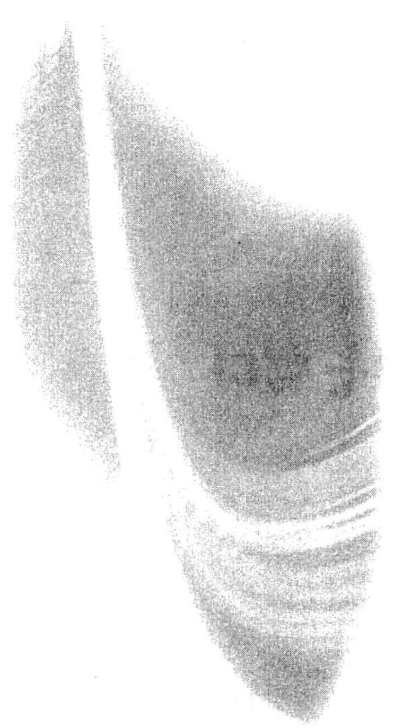

순종보다 나은 제사는 없다

레위의 증손 고핫의 손자 이스할의 아들 고라와 르우
벤 자손 엘리압의 아들 다단과 아비람과 벨렛의 아들
온이 당을 짓고 이스라엘 자손 총회에 택함을 받은 자
곧 회중에 유명한 어떤 족장 이백 오십 인과 함께 일
어나서 모세를 거스리니라 그들이 모여서 모세와 아
론을 거스려 그들에게 이르되 너희가 분수에 지나도
다 회중이 다 각각 거룩하고 여호와께서도 그들 중에
계시거늘 너희가 어찌하여 여호와의 총회 위에 스스
로 높이느뇨 모세가 듣고 엎드렸다가 고라와 그 모든
무리에게 말하여 가로되 아침에 여호와께서 자기에
게 속한 자가 누구인지 거룩한 자가 누구인지 보이시
고 그 자를 자기에게 가까이 나아오게 하시되 곧 그
가 택하신 자를 자기에게 가까이 나아오게 하시리니

순종보다 나은 제사는 없다

하나님의 질서에 도전하면 그 결과는 멸망뿐입니다. 그것을 가장 잘 드러내 보여주는 성경이 바로 민수기 16장입니다. 민수기 16장에는 레위 사람인 고라의 반역 이야기가 기록되어 있습니다. 고라는 하나님께서 허락하지 않는 제사장의 직분에 욕심을 내다가 결국 하나님의 형벌을 받게 됩니다.

하나님의 질서에 도전하면 망하게 되어 있습니다. 하나님은 각 사람에게 그에게 맞는 직분을 주셨습니다. 우리들은 하나님이 만들어 놓으신 질서에 순종하면서 맡겨진 그 직분에 충실하게 살면 되는 것입니다.

세상에서 성공하는 사람은 5퍼센트라고 합니다. 백 사람 가운데 다섯 사람 정도인 것입니다. 그러나 하나님 앞에서는 누구나 성공할 수 있습니다.

세상에서는 부귀영화를 누리거나 권세를 잡아야만 성공했다고 말합니다. 그러나 **하나님께서는 하나님이 주신 은혜의 분량에 따라서 충**

성하는 삶을 사는 사람을 성공한 사람이라고 말합니다. 반대로 고라와 같이 하나님께서 자신에게 맡겨 주신 것 이상을 탐내고 다른 사람의 직책을 넘보다 하나님의 책망을 받는 사람들을 실패한 사람이라고 합니다.

고라는 자신에게 주어진 은혜의 분량을 깨닫지 못하고 허망한 욕심 때문에 주제넘은 행동을 했습니다. 그토록 이기적이고 교만한 의도를 가지고 욕심에 의해서 지은 죄는 어디서도 용서받을 길이 없습니다. 우리가 이미 살펴보았듯이 하나님께서는 그런 죄를 용서하지 않으시기 때문입니다.

자신의 연약함 때문에 범한 실수나 죄는 하나님께서 쉽게 용서하시고 감싸주십니다. 그러나 의도적으로 '짐짓' 짓는 죄는 하나님께서 그 지은 죄의 대가를 그대로 갚으십니다. "죄 있는 자를 그냥 두시지 않으신다"고 말씀하십니다. 그리고 그 갚으시는 방법은 철저하시고 무섭습니다. 그 죄악이 바로 자기 자신에게로 돌아가기 때문입니다.

의도적으로 죄를 짓는 경우의 예로, 신명기 13장에 보면 거짓 선지자 이야기가 나옵니다. 거짓 선지자는 그 사람이 행하는 기사와 이적으로는 구별하지 못합니다. 그리고 거짓된 사람일수록 자기가 행하는 일은 하나님이 주신 능력으로 하는 것이라고 떠들고 다니기 때문에 기적만으로 쉽게 구별되지 않습니다. 그러나 그 사람이 예언한 말들이 그대로 이루어지는지 결과를 보면 알 수 있습니다. 그래서 그 사람이 하는 말대로 이루어지지 않으면 그 사람을 끌어내어 돌로 쳐죽이라고 되어 있습니다. 하나님을 사칭하고 의도적으로 짓는 죄에 대해 하나님은 공의로써 엄히 다스리십니다.

시편 19:13을 보십시오.

> **"또 주의 종으로 고범죄를 짓지 말게 하사 그 죄가 나를 주장치 못하게 하소서 그리하시면 내가 정직하여 큰 죄과에서 벗어나겠나이다."**

여기서 '고범죄' 라고 하는 것이 바로 고의적으로 지은 죄를 말하는 것입니다. 특히 고범죄를 짓는 마음에는 반항하는 마음이 있고 반역하려는 의도를 가지고 있기 때문에 쉽게 용서하시지 않습니다. 심지어 가정에서도 아이들이 어쩌다가 잘못하는 것은 너그럽게 용서하면서 용기를 북돋워 주지만, 그렇지 않고 고의적으로 부모님에게 반항하고 대들면 그것을 그냥 용서하지는 않습니다.

이런 문제 때문에 고민을 하고 있는 분이 계셨습니다. 고등학교 일학년인 아들이 있는 어머니이신데, 그 아들이 의도적으로 부모를 못살게 군다는 것이었습니다. 어떤 때는 부모에게 폭행을 하려고 할 정도로 심하게 반항을 하기도 했습니다.

이런 경우는 그저 그때마다 용서하는 것으로 해결을 하려고 해서는 안 됩니다. 인간들의 죄악을 사랑으로 인내하시는 하나님도 고의적으로 권위에 도전하고 악을 행하는 것은 엄히 다스렸기 때문입니다.

그러면 하나님이 세우신 모세의 권위에 반역한 고라의 도전에 대해 몇 가지 점을 살펴보겠습니다.

고라의 도전

첫째/ 레위의 후손 고라가 반역의 주모자였다.

고라의 죄는 그 정도가 아주 심각한 것이었기 때문에 유다서 11절에도 지적되어 있습니다. 가인의 죄와 발람의 죄와 고라의 죄가 함께 나열되어 있습니다. 가인은 인류 가운데 첫 번째 살인을 저지르면서 하나님께 반항한 자입니다. 발람은 하나님의 거룩한 성직을 돈 때문에 팔았던 자입니다. 그리고 다음에 언급하는 사람이 바로 고라입니다.

고라는 레위의 후손으로 반역의 선두에 서서 진두 지휘한 주모자였습니다. 고라는 성막에 관계된 직분을 맡았던 사람이었습니다. 그 직분은 하나님께서 그에게 준 책임입니다. 그런데 그는 자신의 임무에 충실하지 않고 딴 생각을 했습니다. 하나님이 자신에게 주신 일을 경시하고 그 책임의 중요성을 알지 못했던 것입니다.

자기 자신이 맡고 있는 일을 별 것 아닌 작은 일로 볼 수 있겠지만 하나님의 왕국 전체를 놓고 볼 때는 그 작은 일이 대단히 큰 역할을 합니다. 그러나 고라는 그것을 소홀히 했습니다.

레위인에게는 레위의 직분이 있고 모세에게는 모세의 직분이, 아론에게는 아론의 직분이 있는 것입니다. 하나님께서 각자에게 임무를 주실 때에는 그 나름의 분명한 목적과 뜻이 있어서 그렇게 하신 것입니다.

마치 그림맞추기 퍼즐 놀이처럼 하나님께서 맡겨 주신 각자의 일이 원활하게 잘 돌아가면 그것으로 인해서 하나님의 섭리가 이루어지게 되어 있습니다. 퍼즐 조각이 하나하나 떨어져 있을 때는 그 그림이 어떤 것인지 전혀 알 수 없고 지극히 작은 조각처럼 보일는지 몰라도 일단 다 맞춰 놓으면 아주 크고 멋진 그림이 되지 않습니까?

만일 그 그림 조각을 자기 자리가 아닌 곳에 끼워 놓으면 그 그림은 원래의 의도한 형상대로 완성될 수 없습니다. 작은 것이지만 하나라도 빠지면 그것은 제대로 된 그림이 되지 않습니다. 모든 조각이 다 자기 자리에 들어가야만 큰 그림이 완성될 수 있는 것입니다. 따라서 자기가 맡은 자리를 찾아서 그 자리에 그림을 완성하도록 하는 것이 하나님께서 주신 자기 역할을 다하는 것입니다. 바울도 "각각 자기 일을 먼저 돌보라"라고 했습니다(빌 2:4).

그런데 고라는 자기 자리를 찾아서 자기 역할을 충실히 하기를 거부하고 남의 자리를 넘겨다보고 있었습니다.

'나는 장로감인데 안수집사를 하라고 하다니, 나는 선교회 회장감인데 부장을 하라니'라면서 자기 직분에 관해 불평을 하고 자기 자리에 만족하지 못하면 그 사람은 결국 자기 자리를 찾지 못하고 고범죄를 짓게 되는 것입니다.

하나님은 절대적인 주권과 섭리하에서 각자에게 그 사람이 할 수 있는 일을 맡기십니다. 그런데 고라는 그것을 몰랐습니다. 그래서 자신에게 맡겨진 것이 자신의 능력보다 작다고 생각하고 아론의 직분을 넘보았던 것입니다. 위험한 행동입니다. 우리는 우리가 맡은 일을 잘하면 되는 것입니다. 그것으로 족한 줄 알아야 합니다.

둘째/ 다른 사람 세 명과 반역을 모의했다.

고라는 다단과 아비람과 온 등 세 명의 리더들과 함께 아론을 향한 저항을 모의했습니다.

> "레위의 증손 고핫의 손자 이스할의 아들 고라와 르우벤 자손 엘리압의 아들 다단과 아비람과 벨렛의 아들 온이 당을 짓고"(민 16:1)

1절을 보면 한 사람의 범죄함이 다른 지도자들 세 명에게 퍼졌음을 알 수 있습니다. 죄는 이렇게 전염성이 있습니다.

셋째/ 각 지파의 저명 인사 대표 250명이 그들에게 가담했다.

> "이스라엘 자손 총회에 택함을 받은 자 곧 회중에 유명한 어떤 족장 이백 오십 인과 함께 일어나서 모세를 거스리니라"(민 16:2)

고라의 반역적인 음모가 회중 중에서 유명한 족장들에게까지 전파되어 의기투합을 하게 되었습니다. 죄는 이렇게 전염병처럼 한 사람에게서 소수에게, 그리고는 많은 사람에게로 확산되는 특징을 가집니다. 죄성은 하나 더하기 하나가 둘이 되는 것이 아니라 열이 되고 스물이 됩니다. 죄는 더하기로 나가는 것이 아니라 제곱이 됩니다.

고라 한 사람에게 고범죄가 생겼는데, 그것이 옮겨져 다단과 아비람과 온이 당을 짓게 되고, 이스라엘 자손 총회의 250명에게로 확산되는 것입니다.

앞에서도 말했지만 불평은 전염병 같고 원자폭탄 같기 때문에 이런 일이 생긴 것입니다. 한 사람에게서 불평이 생기면 그 다음에는 천파 만파로 확산됩니다.

얼마 전에 어느 신문의 편집장이 저에게 인터뷰를 하자고 해서 한 30분 정도 대화를 했는데, 저에게 한국에 나온 것을 후회한 적이 없었 느냐는 질문을 했습니다. 그래서 저는 그 질문에 대해 이렇게 대답했 습니다. "하나님의 섭리에는 후회란 없습니다. 저에겐 후회란 없습니 다. 도전을 통해서 많은 것을 배울 뿐입니다. 후회한다는 것은 하나님 이 실수를 했다는 이야기인데, 하나님이 실수하는 법이 있습니까? 하 나님은 절대로 실수하시는 분이 아닙니다."

목회자 가운데에도 혹시 현재의 목회지 선택이 잘못이었다고 생각 하고 계신 분이 있는지도 모르겠습니다. '내가 이 교회를 선택해서 목회하고 있는 것은 실수이구나. 다른 교회도 있었는데 하필이면 이 교회로 왔는가' 아니면 '나는 원래 다른 교회에 갈려고 했었는데 하 나님께서 나를 이 곳에 오게 하신 것은 실수하신 것이다' 하는 생각 을 할는지도 모릅니다.

그러나 하나님을 믿고 사는 사람은 그런 후회를 하지 않습니다. 후 회한다는 것은 하나님을 신뢰하지 않는다는 것입니다. 하나님은 실 수가 없으신 분이시며 사람에게 맞는 일을 주시고, 목적이 있어서 그 자리에 있게 하시는 분이라는 것을 아는 사람이 어떻게 불평을 하고 후회를 할 수 있겠습니까?

몸의 체질이 건강하면 건강한 대로, 약하면 약한 대로 "하나님께서 주신 그 은혜가 내게 족하도다"라며 감사해야 합니다. 하나님의 뜻을 거역하고 불평하는 일은 보통 문제가 아닙니다. 자칫하면 고라의 잘못을 범하게 되기 때문입니다. 그래서 하나님께서는 언제는 기뻐하고 언제는 감사하라고 말씀하지 않으시고, 항상 감사하고 항상 기뻐하라고 하신 것입니다. 이것이 예수 믿는 사람이 사는 생활방식(Life Style)인 것입니다.

불평은 마음에서 싹트기 시작할 때 처음부터 막아야 합니다. 불평할 기회는 아예 만들어서는 안 됩니다. 일단 불평하기 시작하면 문제가 복잡하게 되기 때문입니다.

여러분은 다윗이 압살롬에게 쫓겨서 도망을 갈 때 모습을 기억할 것입니다. 사무엘하 16:5-14 보면, 압살롬에게 쫓겨가는 다윗에게 시므이라는 사람이 욕을 하며 저주하는 장면이 나옵니다. 스루야의 아들 아비새는 그의 욕하는 말을 듣고 시므이를 죽여 버리겠다고 했습니다. 그러나 다윗은 시므이의 말을 하나님이 허락하신 말로 믿고 시므이의 저주를 그대로 들었습니다.

우리에게도 겸손한 마음이 있어야 합니다. 다른 사람들이 나에게 듣기 싫은 말을 할 때에도 내가 무엇인가 잘못하는 것이 있고 하나님께서 그 사람을 통해 그 잘못을 깨닫게 하려 하신다고 생각해야 합니다.

넷째/ 반역의 표면적 이유
고라와 함께한 250명이 모세와 아론에게 하는 말입니다.

"그들이 모여서 모세와 아론을 거스려 그들에게 이르되 너희가 분
수에 지나도다 회중이 다 각각 거룩하고 여호와께서도 그들 중에 계
시거늘 너희가 어찌하여 여호와의 총회 위에 스스로 높이느뇨"(민
16:3)

이 말은 모세와 아론이 사람들에게 받는 독보적인 권위와 세력에
대해서 도전하고 있는 것입니다. 얼핏 보면 현대식 민주주의를 말하
고 있는 것으로 보이지만, 하나님이 직접 통치하시는 신정체제라고
하는 것은 현대식 민주주의가 아닙니다. 신정체제는 하나님 중심의
독재체제인 것입니다. 하나님이 하신 말씀의 절대적인 주권을 다 인
정하고 그 앞에 절대적으로 복종해야 하는 것입니다. 일반 대중의 여
론을 따라 일을 하는 것이 반드시 하나님의 체제라고 생각해서는 안
됩니다.

예배를 11시에 드릴 것인가, 12시에 드릴 것인가 하는 것은 절대적
인 하나님의 명령에 의한 것이 아니기 때문에 대중들과 상의해서 결
정하면 됩니다.

그러나 하나님의 계시와 말씀은 절대적인 것입니다. 일점 일획도
더하거나 뺄 수 없습니다. 오로지 순종하는 것만이 삶의 길이요 번영
의 길인 것입니다.

한 사람의 의견이든 두 사람 이상의 의견이든 그것은 사람의 생각
이지 하나님의 생각이 아닙니다. 하나님께서는 "내 생각은 너희 생각
과 다르며"(사 55:8)라고 말씀하시면서 인간의 생각의 한계를 경고하
셨습니다.

최근 미국의 예에서 볼 수 있는 것처럼, 교단 총회가 모여서 동성연애도 죄 될 것이 없다고 했다 해서 동성연애가 정당한 것이 되지는 않습니다. 나라의 법이 동성연애를 인정한다 해도, 또 목사들이 총회에서 다수로 결정해서 교회의 정책으로 삼는다 해도 그것은 하나님의 뜻이 아니기 때문에 정당화 될 수 없습니다.

이것은 예나 지금이나 변치 않는 하나님의 뜻인 것입니다. 하나님께서는 동성연애를 단호하게 금하고 계십니다. 하나님의 체제는 하나님의 말씀에 의존해야지 다수의 사람들이 결정한다고 해서 바뀔 수 없습니다.

모세의 도전

모세는 자신들의 권위에 저항하는 사람들을 보고 충격으로 인해 그 자리에 엎드러집니다.

"모세가 듣고 엎드렸다가"(민 16:4)

이 '엎드렸다' 는 말은 모세가 충격을 받아 쓰러졌다는 의미로 해석할 수도 있고, 다른 한편으로는 모세가 그 참람한 반역의 소식을 듣자마자 하나님 앞에 엎드려 기도했다는 의미로 해석할 수도 있습니다.

잠시 엎드려 있던 모세는 일어나서 누가 하나님이 택하신 사람인가를 알아보자고 고라에게 도전합니다.

5-7절을 보십시오.

"고라와 그 모든 무리에게 말하여 가로되 아침에 여호와께서 자기에게 속한 자가 누구인지 거룩한 자가 누구인지 보이시고 그 자를 자기에게 가까이 나아오게 하시되 곧 그가 택하신 자를 자기에게 가까이 나아오게 하시리니 이렇게 하라 너 고라와 너의 모든 무리는 향로를 취하고 내일 여호와 앞에서 그 향로에 불을 담고 그 위에 향을 두라 그 때에 여호와의 택하신 자는 거룩하게 되리라 레위 자손들아 너희가 너무 분수에 지나치느니라."

모세는 고라와 그의 무리들에게 향료에 불을 피워서 가져오라고 합니다. 그 일은 제사장이 하는 일인데 레위 사람들에게 시킨 것입니다. 정말 그렇게 제사장 노릇을 하고 싶으면 어디 한 번 해보라는 것입니다. 그러자 그 사람들이 모두 향로에 불을 담아 왔습니다.

모세는 하나님께서 우리에게 직분을 주셨으므로 그 절대 통치권 안에서 순종하면 되는 일인데 그것을 알지 못하고 분수에 지나친 욕심을 부린다는 것을 지적했습니다. 이것이 늘 문제입니다.

집사는 집사로서의 위치가 있고 장로는 장로로서의 위치가 있습니다. 그러니까 각자는 직분에 따라서 자신이 맡은 사역에 충성을 다하면 됩니다. 자기에게 주어진 일에는 충성하지 않고 하나님이 세우신 다른 사람들에 대해서 불평하고 그 권위에 도전하는 것은 하나님의 진노를 사는 일이 되는 것입니다.

자기 자신이 맡은 일만 잘 하면 됩니다. 다른 사람의 일에 대한 책임은 그 사람에게 있는 것이지 주변 사람에게 있는 것이 아닙니다.

제가 교수로 있던 미국 신학교에 에티오피아 선교사로 가셨던 한 분이 교육학 교수로 왔습니다. 그런데 그 사람이 오고나서부터 학교에 계속 문제가 생겼습니다. 그 이유를 알아보니까 그 교수가 자기 수업 시간에 들어가서 학생들에게 학교 운영에 관한 비판적 이야기를 한다는 것이었습니다. 학장이 어떻고 이사장이 어떻고 하면서 수업에는 관계도 없는 이야기를 학생들에게 늘어놓자, 그 교수의 의견에 동조하는 학생들이 모여서 신학교 안에 불평 그룹을 만들고 학교 분위기를 불안하게 흔들어댔습니다.

일 년이 지나자 학교 이사회는 그 교수를 해고시켰습니다. 그리고 그 교수를 따랐던 학생들은 그 교수와 함께 학교를 다 그만두었습니다. 그 학교에는 일대 혼란이 일시적으로 나타났고 그 후유증은 몇 년이나 계속되었습니다.

그 때 저는 그 사람에게 말했습니다. "당신은 교육학 교수로서 해야 할 일만 제대로 하면 되는 것입니다. 당신이 학교에서 해야 할 일은 학생들에게 교육학을 가르치는 것입니다. 그런데 학교의 운영에 관여하려고 하니 학교나 학생들에게 괴로움만 주게 되고 덕을 쌓지 못하는 것입니다."

각 사람은 하나님이 자신에게 주신 책임이 무엇인가 하는 것을 정확하게 파악하고, 자기에게 주어진 책임만을 잘 감당하면 됩니다. 다른 사람이 잘못하는 것은 그 사람과 하나님과의 문제인 것입니다. 그분에 대한 책임 추궁은 하나님이 하실 일입니다.

일하는 모든 사람들은 이런 생각으로 자기 일에 임해야 합니다. 자기 일에 묵묵히 최선을 다하는 사람을 볼 때에 우리가 얼마나 감명을 받습니까? 그런 사람은 다른 사람을 가르치려고 해서가 아니라 자신의 일을 잘하는 것만으로 다른 사람의 모범이 됩니다.

저희 교회 예배위원회의 어떤 집사님들은 주일 아침 일찍이 나와서 그 많은 주보를 일일이 손으로 다 접고 끼우는 일을 하시는데 한 번도 힘들다거나 불평을 한 적이 없었습니다. 누가 그런 일을 하고 싶겠습니까? 저는 그 모습이 너무 귀하게 느껴져서 그분들의 손을 잡고 "하나님께서 집사님을 꼭 축복하실 것입니다"라는 말씀을 드렸습니다. 그랬더니 다른 분들도 그분들이 일하시는 모습을 귀하게 생각했던지 모범 교인으로 추천을 해서 표창장을 드리게 되었습니다.

다른 사람들은 모르는 일도 하나님은 알고 계십니다. 그런데 더구나 다른 사람들까지도 다 아는 일이라면 하나님께서 모르실 리가 없습니다. 그렇게 모든 것을 알고 계시는 하나님을 바라보고 자신의 자리를 지키는 사람이야말로 사람이나 하나님께 사랑을 받는 사람이 될 수 있는 것입니다. 그러면 그 사람뿐 아니라 교회 공동체가 사는 길이 열리게 됩니다.

모세의 엄한 책망

8-11절에는 모세가 반역자들을 엄하게 책망하는 모습이 나옵니다. 모세는 그들에게 하나님께서 레위인들을 구별하시고 하나님의 성막 가까이에 있게 하사 봉사하게 하신 것이 어찌 작은 일이겠느냐고 책

망합니다. 그런데도 그것을 작은 일이라고 생각하고 제사장의 직분을 생각한다는 것은 옳지 못한 일이라고 말합니다. 자기에게 주어진 책임은 잘 감당하지 않고 다른 사람의 직분을 넘보면서 이러쿵저러쿵 불평이 많은 것은 하나님의 심판을 받을 일인 것입니다.

모세는 하나님의 제사장직을 맡은 아론에게 도전하는 것은 하나님을 거스르는 것으로 생각하고 있습니다. 하나님이 주신 자리이기 때문에 하나님께 불평하고 거스르는 것과 같다고 여기는 것입니다.

11절입니다.

> "이를 위하여 너와 너의 무리가 다 모여서 여호와를 거스리는도다 아론은 어떠한 사람이관대 너희가 그를 원망하느냐."

살다가 보면 자신이 지금 처한 상황에 대해서 불평이 나오고 탄식이 생길 때가 있습니다. 그런데 그런 때에도 사람에 따라 불평을 하는 방법이 다 다릅니다. 하나님께 불평을 하는 사람이 있고 사람에게 불평을 하는 사람이 있습니다.

사람에게 하면 불평이지만 하나님께 하면 기도입니다. 그래서 같은 불평을 해도 사람들에게 해서 문제를 일으키고 나쁜 영향을 미치도록 하는 것이 아니라 하나님 앞에서 함으로써 해결책을 구하는 것이 현명한 것입니다.

소환 불응 거부

　모세가 다단과 아비람에게 사람을 보내어 부르는 장면이 나옵니다. 그런데 이들은 모세의 부름을 거절하고 오지 않겠다고 합니다. 그저 망하는 길만 찾아가는 것입니다. 망할 사람은 습관적으로 망하는 길을 택해 갑니다.
　12절을 보십시오.

"모세가 엘리압의 아들 다단과 아비람을 부르러 보내었더니 그들이 가로되 우리는 올라가지 않겠노라."

　하나님이 세워주신 지도자에게 불순종하는 것은 심각한 반항입니다. 더구나 사람을 보내어 모세에게 답신을 보냈는데 그것이 얼마나 모세를 불신하는 말인지 모릅니다. 애굽에서 그들을 이끌어 오고 광야에서 그들의 길을 지도해서 앞으로 후손들이 하나님이 지시하신 땅으로 들어가게 하는 중요한 임무를 위임받은 사람에게 지금까지의 행적과는 전혀 반대의 이야기를 하는 것입니다.
　13-14절을 보십시오.

"네가 우리를 젖과 꿀이 흐르는 땅에서 이끌어내어 광야에서 죽이려 함이 어찌 작은 일이기에 오히려 스스로 우리 위에 왕이 되려 하느냐 이뿐 아니라 네가 우리를 젖과 꿀이 흐르는 땅으로 인도하여 들이지도 아니하고 밭과 포도원도 우리에게 기업으로 주지 아니하니 네가 이 사람들의 눈을 빼려느냐 우리는 올라가지 아니하겠노라."

망하려고 하는 사람은 역사적 사실도 전혀 엉뚱한 방향으로 해석합니다. 노예 생활을 하던 때를 젖과 꿀이 흐르는 땅에 있었던 때라고 억지를 부리고 앞으로 젖과 꿀이 흐르는 땅으로 들어가려고 하는 것을 믿어주지도 못합니다. 그리고 그 어려운 역경 속에서 백성들을 인도하고 있는 모세를 그들의 왕이 되려 한다고 비난합니다. 사사건건 반대로만 해석하는 것입니다.

이미 일어난 사실을 놓고 어떤 해석을 하느냐에 따라서 이렇게 엄청난 행동이 나타납니다. 그래서 행복과 불행은 개인의 해석에 달린 것입니다.

제가 알고 있는 분 중에 사업이 너무 어려워져서 저를 찾아오신 분이 있었습니다. 그런데 제가 그분의 이야기를 들어보니까 계속해서 자신에게 일어나는 일들을 잘못 해석하고 있다는 것을 알게 되었습니다.

그래서 제가 그분의 형편을 놓고 다시 해석을 해 주고, 앞으로 한 달 동안 하루에 네 번씩 사고를 바꾸는 훈련을 하라고 했습니다. 매사를 긍정적으로 생각하고 해석하는 방법을 훈련시키기 위한 것이었습니다.

14절의 '눈을 빼려느냐' 라는 말은 상징적인 표현입니다. 우리를 보지 못하는 사람으로 만들려고 하느냐는 말입니다. 모세는 그런 의도를 보인 적이 없는데 그렇게 일방적으로 나쁜 생각을 한 것입니다.

이것은 일종의 정신적인 문제입니다. 좋지 않은 생각을 하니까 좋지 않은 감정이 생기고 좋지 않은 행동을 하고 좋지 않은 결과를 얻게 되는 것입니다. 그래서 이런 사람들을 치료하는 정신의학적 방법이 바로 어떤 사실을 놓고 그 진행과 결과에 대해 긍정적이고 좋은 생각만 하게 하는 것입니다. 바로 이런 방법이 성경이 제시해 주는 방법이라고 할 수 있습니다.

하나님의 징계

엘리압의 아들들이 모세의 소환을 거부하고 오히려 모세를 모함하고 비난하자 그 동안 참고 참았던 모세가 심히 노하여 하나님께 기도합니다.

15절을 보십시오.

> "모세가 심히 노하여 여호와께 여짜오되 주는 그들의 예물을 돌아보지 마옵소서 나는 그들의 한 나귀도 취하지 아니하였고 그들의 한 사람도 해하지 아니하였나이다 하고."

모세는 이스라엘 백성들이 하나님께 드리는 제사를 돌아보지 마시라고 하면서 자신은 자신 있게 자신의 의무를 수행했음을 밝힙니다.

우리는 여기서 모세가 자기 역할을 수행함에 있어서 사람들 앞에서는 물론이고 하나님 앞에서도 거리낄 것이 없었다는 것을 알 수 있습니다. 그리고 이 말은 고라와 사람들이 자신을 무고하게 고소하고 있다는 것을 말하는 것이기도 합니다. 모세는 좌절했고 분노했습니다. 그는 이런 호소 방법으로 자신의 결백을 하나님 앞에서 부르짖고 있는 것입니다.

그리고 나서 모세는 드디어 그 사람들에게 향로를 가지고 오라고 합니다. 향로는 제사장의 직분을 뜻하는 것이었습니다. 모세는 그들과 함께 합법적인 제사장 직분에 대해서 판가름하려고 합니다. 그러자 지시대로 모두가 각자의 향을 여호와 앞에 드렸습니다.

16-18절을 보십시오.

> "이에 고라에게 이르되 너와 너의 온 무리는 아론과 함께 내일 여호와 앞으로 나아오되 너희는 각기 향로를 잡고 그 위에 향을 두고 각 사람이 그 향로를 여호와 앞으로 가져오라 향로는 모두 이백 오십이라 너와 아론도 각각 향로를 가지고 올지니라 그들이 각기 향로를 취하여 불을 담고 향을 그 위에 두고 모세와 아론으로 더불어 회막문에 서니라."

고라와 그 대적하는 사람들이 향로를 가지고 회막문에 모여서 모세와 아론에게 대적하려고 할 때에 하나님의 영광이 회막문 앞에 나타났습니다. 모든 인간적인 교만과 탐욕에 대해 또 하나님을 향한 반역에 대해 진노하신 하나님께서 직접 그 영광을 드러내실 수밖에 없을 만큼 그들의 죄는 심각했습니다.

19절을 보십시오.

> "고라가 온 회중을 회막문에 모아 놓고 그 두 사람을 대적하려 하매 여호와의 영광이 온 회중에게 나타나시니라."

하나님께서는 모세와 아론에게 그 회중들을 순식간에 멸하겠으니 그들 사이에서 물러나라고 하십니다.

20-21절을 보십시오.

> **"여호와께서 모세와 아론에게 일러 가라사대 너희는 이 회중에게서 떠나라 내가 순식간에 그들을 멸하려 하노라."**

그 회중들은 모세와 아론의 말을 듣지 않았을 뿐 아니라 두 사람을 그 자리에서 돌로 쳐서 죽이려고 했습니다. 바로 그 급박한 순간에 하나님의 영광이 회중 가운데에 나타난 것입니다.

목숨에 위협을 받을 만큼 도전을 받았던 모세와 아론이었지만 막상 하나님께서 그 백성을 멸하겠다고 하시니까 하나님께 그들의 잘못을 대신 빌고 용서를 구합니다.

22절을 보십시오.

> **"그 두 사람이 엎드려 가로되 하나님이여 모든 육체의 생명의 하나님이여 한 사람이 범죄하였거늘 온 회중에게 진노하시나이까."**

이것이 자기 백성을 사랑하는 지도자의 자세입니다. 언약의 중재자로서 소임을 다하는 것이기도 합니다. "모든 육체의 생명의 하나님"이라는 말은 하나님이 모든 인간에 대해 다 알고 계심을 뜻하는 것입니다. 즉 고라가 모든 일의 선동자임을 하나님께서 이미 아시지 않느냐는 말입니다.

하나님께서 그 말을 들으시고 온 회중에게 내리실 벌을 고라와 다단과 아비람과 그 가족들에게만 한정하십니다. 고라, 다단과 아이들, 아내들도 하나님의 무시무시한 심판의 대열에 끼었다는 것은 하나님께 범죄한 자들의 자손이 죄를 범하지 않았다 해도 가족 연대 책임과 집단 징벌을 받는 구약의 원리를 다시 생각하게 합니다. 그러나 각자는 자기가 지은 죄에 대해서만 책임을 지는 것이므로 그들이 반역에 모두 동조했다고 볼 수밖에 없습니다.

하나님께서는 땅이 그들을 삼키게 하여 죽게 하십니다. 그들이 서 있던 자리가 갈라져 그들이 죽음의 구덩이로 빠지도록 하신 것입니다.

30절을 보십시오.

> "만일 여호와께서 새 일을 행하사 땅으로 입을 열어 이 사람들과 그들의 모든 소속을 삼켜 산 채로 음부에 빠지게 하시면 이 사람들이 과연 여호와를 멸시한 것인 줄을 너희가 알리라."

여기서의 '음부'는 종종 죽은 자들이 거하는 곳, 즉 '지하세계'나 '지옥' 등으로 이해되는데 여기서는 땅이 큰 틈을 벌려 거대한 무덤을 만들었다는 사실을 말하는 것입니다.

> "이 모든 말을 마치는 동시에 그들의 밑의 땅이 달라지니라 땅이 그 입을 열어 그들과 그 가족과 고라에게 속한 모든 사람과 그 물건을 삼키매"(민 16:31-32).

결국 하나님께서 세워 주신 권위에 도전하고 자신의 임의대로 행동하려 했던 고라와 그를 따르던 자들은 땅 밑으로 꺼져들고 말았습니다. 그리고 여호와께로 불이 나와서 분향하는 이백오십 인을 소멸했습니다. 이런 형벌은 이미 하나님께 도전하는 사람들에게 예정되어 있던 것이었습니다.

그런데 여기서 이상한 것은 고라는 죽었는데 고라의 자식들은 죽지 않았다는 것입니다. 성경은 여기에 대해서 아무 말도 하지 않아서 그 이유를 우리가 알 수는 없습니다. 민수기 26장을 보면 거기에 대한 기록이 나오기는 하지만 이유까지는 설명되어 있지 않습니다. 여러 가지 추측은 가능하지만 확실하게 알 수는 없습니다.

모르는 것은 모른다고 하는 것이 해석의 정석입니다. 혹시 그 이유를 자기만 알고 있다고 자신 있게 말하는 사람이 있다면 그 사람은 이단으로 떨어지는 단계에 있다고 보아도 무방할 것입니다. 모호한 것은 모호하게 두고 아무런 기록이 없는 것은 미지의 사건으로 놓아두는 것이 위험을 방지하는 방법입니다.

교회에 물의를 일으키는 신학자들은 언제나 지금까지 모르고 있는 것들을 자신만이 안다고 떠들고 다니는 사람들입니다. 그래서 유럽의 교회들이 다 죽은 것입니다. 지금도 어떤 사람들은 보수주의자나 복음주의자들이 무식한 사람들이라고 말하지만, 그렇게 말하는 유식한 사람들이 유럽의 교회를 다 죽였습니다. 성경에서 말하는 것은 분명히 알고 가르치고, 성경에서 말하지 않는 것은 모르는 것으로 두어야 합니다.

우리 한국 교회도 앞으로 어떻게 될지 아무도 모릅니다. 신학교 한 쪽 구석에서 비성경적인 교육을 시키는 신학자들이 우리 나라에도 있습니다. 소위 현대신학이라는 명목으로 성경에 위배되는 내용을 가르치고 있는 신학자들이 있습니다. 학문과 신앙은 다르다는 명목으로, 자기가 박사학위를 받았다는 이유로 성경에 위배되는 내용을 가르치는 것은 올바른 기독교 교육이 아닙니다.

성경적 기독교는 창의력을 요구하는 것이 아니라 순종을 요구합니다. **성경적인 기독교는 순종을 요구합니다.** 하나님이 창의력 자체이기 때문에 우리 인간의 창의력은 필요 없습니다. 만유의 창조주이신 하나님 앞에서 우리 인간의 창의력이 얼마나 힘이 있겠습니까?

하나님이 짐승을 바치라고 하면 짐승을 바쳐야지, 자신이 농부니까 곡식을 바치겠다고 하면 안 됩니다. 제사의 제물은 하나님이 정하시는 것이지 자기 마음대로 결정하는 것이 아닙니다.

하나님이 부정한 짐승이니 먹지 말라 했으면 먹지 않으면 됩니다. "왜 그것을 먹지 말라고 하십니까? 그게 얼마나 맛이 있는데요"라며 그 이유를 꼬치꼬치 물어야 할 필요가 없습니다. 그저 하나님이 부정하다고 하면 그런 줄 알고 먹지 않으면 됩니다.

하나님이 우리에게 요구하시는 것은 하고, 하지 말라고 하는 것은 순종하여 하지 않는 것이 중요한 것이지, 우리가 그것을 분석하고 설명하기를 하나님은 원하시지 않습니다.

신앙은 특별한 것이 아닙니다. 신앙이 요구하는 것은 단 한 가지밖에 없습니다. 그것은 바로 순종입니다. 다른 조건은 없습니다. 의심하지 않고 이유 붙이지 않고 순수한 마음으로 믿고 순종하는 것이 신앙입니다. **순종보다 나은 제사는 없습니다.**

'신앙과 학문은 다르고 학문은 자유로운 것이다' 라는 이야기를 많이 들었습니다. 많은 사람들이 그런 이야기를 합니다.

그렇지만 생각을 해 보십시오. 신학이 없는 신앙이 어디 있습니까? 신학이 없는 신앙이 있을 수 있습니까? 잘못된 신학을 가지면 잘못된 신앙이 나오는 것입니다. **옳은 신학을 가지면 옳은 신앙이 생깁니다. 신학과 신앙은 하나입니다.**

아무리 세계적으로 유명한 신학교에서 박사 학위를 받고 왔어도 그 사람이 비성경적인 이야기를 하면 하나님께 인정받지 못합니다. 그 길은 사는 길이 아니고 죽는 길입니다.

바로 이 사실을 증거하고 있는 것이 유럽의 교회입니다. 유럽 교회를 그렇게 만든 사람들이 유럽의 신학을 주도하는 신학자들입니다. 시대에 따라 유행하는 신학 이론이 나오는 곳이 바로 서양세계였습니다. 그런데 그들이 주도하고 있는 교회들이 지금 죽어가고 있는 것입니다.

우리 한국도 그런 흐름에서 예외일 수는 없습니다. 우리 나라 신학교에서도 비성경적이고 인간의 신학이 학문이라는 이름으로 가르쳐지고 있습니다.

우리 나라는 빨리 그런 흐름에서 벗어나야 합니다. 한국 기독교는 이천 년 동안 하나님이 이끌어 주신 성경적 기독교입니다. 다른 모든 나라들의 교회가 다 죽어도 이 나라의 교회만은 하나님께서 말씀하시는 대로 순종하면 살 수 있습니다. 그 때에 참된 신앙은 살아나는 것입니다.

고라의 반역 사건이 주는 교훈

고라의 사건이 주는 교훈이 있습니다. 제사장 엘르아살은 반역자들의 250개의 향로를 모아 두드려서 제단의 덮개를 만들고 그것을 볼 때마다 하나님의 권위에 반항하는 자에게 오는 것은 죽음밖에 없다는 것을 기억하게 했습니다.

39-40절을 보십시오.

> "제사장 엘르아살이 불탄 자들의 드렸던 놋향로를 취하여 쳐서 제단을 싸서 이스라엘 자손의 기념물이 되게 하였으니 이는 아론 자손이 아닌 외인은 여호와 앞에 분향하러 가까이 오지 못하게 함이며 또 고라와 그 무리와 같이 되지 않게 하기 위함이라 여호와께서 모세로 그에게 명하신 대로 하였더라."

그러나 41-50절을 보면 이튿날 그 동안 내적으로 모세와 아론에게 원망하는 마음을 가졌던 사람들이 공개적으로 모세와 아론을 대항하여 일어났습니다. 그러자 하나님께서 다시 나타나셔서 그들에게 재앙을 내리십니다.

결국 이 사건으로 회중 가운데 염병이 돌아 다시 14,700명이 죽는 참상이 벌어집니다. 이렇게 큰 비극이 바로 잘못된 지도자 고라 한 사람에게서 시작되었습니다. 그래서 지도자 한 사람이 중요한 것입니다.

47-49절을 보십시오.

> "아론이 모세의 명을 좇아 향로를 가지고 회중에게로 달려간즉 백
> 성 중에 염병이 시작되었는지라 이에 백성을 위하여 속죄하고 죽은
> 자와 산 자 사이에 섰을 때에 염병이 그치니라 고라의 일로 죽은 자
> 외에 염병에 죽은 자가 일만 사천칠백 명이었더라."

하나님의 진노하심으로 백성들 사이에는 염병이 돌았고 모세는 아
론에게 향로를 취하여 회중 속으로 들어가 거기서 하나님의 속죄의
은혜를 구하게 했습니다. 아론이 당도했을 때는 이미 백성들 사이에
염병이 시작된 직후였지만 아론이 죽은 자들과 산 사람들 사이에 향
로를 들고 서자 비로소 염병이 그쳤습니다.

여기서 아론이 향로를 들고 죽은 자들과 산 자들 사이에 섰다는 말
은 아론이 그들을 위해서 하나님께 중보의 기도를 드렸다는 사실을
상징하는 것입니다. 이 사건은 하나님이 세운 지도자에게 대항하는
이스라엘 백성에게는 재앙이었으나 동시에 제사장으로서 아론의 역
할을 충분히 보여줄 수 있는 사건이기도 했습니다. 하나님께서 그의
기도에 죄인들의 손에 들리운 250개의 향로를 훨씬 능가하는 결과를
주신다는 것을 알게 하는 계기가 되기도 했던 것입니다.

죄는 아예 시작을 말아야지 그렇지 않으면 이토록 무서운 결과를
낳게 됩니다. 죄는 어떤 과정을 거치든지 궁극적으로 사망을 가져다

줍니다. 그리고 하나님의 절대적인 권위에 도전하는 것은 용서를 받을 수 없는 큰 죄에 해당합니다.

우리는 하나님께서 우리에게 주신 사명을 족한 줄로 알 뿐 아니라 그 일을 잘 감당하는 사람들이 되어야겠습니다. 그래서 주님께서 나에게 주신 사명의 자리를 옮기는 날까지 자기가 맡은 자리에서 할 수 있는 한 충성을 다하는 사람으로 살아야 할 것입니다.

하나님께서도 우리의 그 모습을 귀하게 보실 것입니다.

방황은 없다 · 1

1999년 12월 10일 초판 발행
2005년 8월 10일 초판 3쇄 발행

지은이 • 김상복
발행인 • 김수곤
발행처 • 선교횃불
등록일 • 1999년 9월 21일 제54호
등록주소 • 서울시 송파구 삼전동 103번지
전　화 • (02)2203-2739
팩　스 • (02)2203-2738
이메일 • ceo@com2u.com
홈페이지 • www.ccm2u.com

총　판 • 선교횃불